WASSILIOS SKOURIS

Teilnichtigkeit von Gesetzen

Schriften zum Öffentlichen Recht

Band 215

Teilnichtigkeit von Gesetzen

Von

Dr. Wassilios Skouris

DUNCKER & HUMBLOT / BERLIN

Meinen Eltern

Vorwort

Die vorliegende Schrift ist aus meiner Dissertation hervorgegangen, die der Fachbereich Rechtswissenschaft der Universität Hamburg im Juli 1972 angenommen hat.

Den Anstoß zu einer Untersuchung über die Teilnichtigkeit von Gesetzen gab mir mein hochverehrter Lehrer, Herr Professor Dr. Karl August Bettermann. Dafür, aber auch für die zahlreichen Anregungen und die stetige Förderung bin ich ihm zu vorzüglichem Dank verpflichtet. Dank schulde ich auch dem Zweitreferenten, Herrn Professor Dr. Albrecht Zeuner, der vor allem den zivilrechtlichen Teil der Arbeit betreut hat.

Die Veröffentlichung der Schrift ist durch einen großzügigen Druckkostenzuschuß des Deutschen Akademischen Austauschdienstes ermöglicht worden.

Herrn Ministerialrat a. D. Dr. Johannes Broermann bin ich für die Aufnahme der Arbeit in die Reihe „Schriften zum Öffentlichen Recht" verbunden.

Hamburg, im Dezember 1972

Wassilios Skouris

Inhaltsverzeichnis

Einleitung

1. Die teilweise Nichtigerklärung von Gesetzen und einzelnen Gesetzesbestimmungen hat in zahlreichen Normgültigkeitsverfahren Eingang gefunden. Die totale Vernichtung eines Gesetzes oder einer Vorschrift wird vermieden, wenn die partielle Verwerfung dem restlichen Teil die Verfassungskonformität sicherstellt. Die gesetzliche Regelung bleibt ohne den grundgesetzwidrigen Teil aufrechterhalten, erscheint aber nach der Textreduzierung in einer veränderten, kürzeren Fassung und führt in vielen Fällen zur Erweiterung des Normanwendungsbereichs. Die Frage, ob ein solches richterliches Vorgehen nicht einen Übergriff in legislatorische Kompetenzen darstellt, ob die Kassation nicht zur Reformation wird, bildet das wichtigste Problem der Zulässigkeit einer Teilnichtigerklärung.

2. Dabei ist die Teilnichtigkeitsfrage im bürgerlichen Recht durch den in seiner Auslegung umstrittenen § 139 BGB geregelt und im Verwaltungsrecht seit längerem bekannt. Man beschreitet also kein neues Feld, wenn bedacht wird, daß der Rechtsanwender bei partiell ungültigen Rechtsgeschäften und teilaufhebbaren Verwaltungsakten vor dem gleichen Dilemma wie der normprüfende Richter steht. Läßt er das Rechtsgeschäft und den Verwaltungsakt um jeden Preis fortbestehen, so muß er zwangsweise dem potentiell entgegengesetzten Willen der Erklärungsurheber jede Bedeutung versagen. Dem Übergriff in die gesetzgeberische Zuständigkeit korrespondiert hier der Eingriff in die Privatautonomie und in den Aufgabenbereich der Exekutive. Wegen der analogen Problemstellung besitzen die Ergebnisse der Diskussion um die teilweise Nichtigkeit von Rechtsgeschäften und die teilweise Fehlerhaftigkeit von Verwaltungsakten für die Behandlung partiell verfassungswidriger Gesetze erheblichen Aussagewert.

3. Aus diesem Grund beginnt die vorliegende Arbeit mit einer kurzen Darstellung der im bürgerlichen Recht und im Verwaltungsrecht lebhaft geführten Auseinandersetzung zur Teilnichtigkeitsfrage (Erster Teil). Im Zweiten Teil werden die bisher vertretenen Auffassungen zur Teilnichtigkeit von Gesetzen und Gesetzesbestimmungen auf ihre Richtigkeit überprüft. Dabei wird auf die Wiedergabe der umfangreichen Judikatur des Bundesverfassungsgerichts besonderer Wert gelegt. Anschließend wird der Versuch unternommen, die im Zivilrecht erzielten Ergebnisse auch für partiell nichtige Gesetze zu verwerten, mit der

Folge, daß das Teilnichtigkeitsproblem bei Rechtsgeschäften, Verwaltungsakten und Gesetzen nach den gleichen Grundsätzen gelöst wird (Dritter Teil).

4. Der Vierte Teil der Arbeit beschäftigt sich mit dem Verhältnis der teilweisen Ungültigkeit von Gesetzen zu der sog. verfassungskonformen Auslegung. Denn die enge Beziehung der beiden Institute bereitet den Normenkontrollorganen zunehmend Schwierigkeiten, wenn zu entscheiden ist, ob eine Form partieller Rechtssatzkollision noch durch verfassungskonforme Interpretation oder nur durch Teilnichtigerklärung beseitigt werden kann. Nach der hier vertretenen Auffassung führt die Verknüpfung zwischen der partiellen Nichtigkeit von Rechtsnormen und der grundgesetzkonformen Auslegung zu einer Gleichsetzung beider Prinzipien: Die fragwürdige und umstrittene Legitimation zur verfassungskonformen Interpretation soll aus der Befugnis der Normprüfungsorgane zur teilweisen Ungültigerklärung von Gesetzen gewonnen werden. So stellt sich die trotz zahlreicher Bemühungen nicht geglückte Herausbildung eindeutiger Grenzen zwischen der verfassungskonformen Auslegung von Rechtssätzen und ihrer Nichtigerklärung als entbehrlich dar: Als partielle Normverwerfung ist eine grundgesetzkonforme Interpretation von Gesetzen wie jede Aufrechterhaltung eines Gesetzesteils in analoger Anwendung des § 139 BGB nicht zulässig, wenn sie dem Willen des Erklärungsurhebers, des Gesetzgebers, widerspricht.

Erster Teil

Teilweise Nichtigkeit von Rechtsakten

Rechtsakte sind nichtig, wenn die von ihnen gewollten Rechtsfolgen nicht eintreten können, weil ihnen die Rechtsordnung die Geltung versagt. Betrifft der Nichtigkeitsgrund einen abgrenzbaren Teil des Rechtsakts, so bieten sich zwei Lösungsmöglichkeiten: Die Vollnichtigkeit und die Restwirksamkeit. Entweder erstreckt sich die Ungültigkeit auf den ganzen Rechtsakt oder sie beschränkt sich auf den fehlerhaften Teil und läßt den übrigen Akt in einer mit der Rechtsordnung vereinbaren Fassung fortgelten. Durch beide Lösungen werden die aus dem partiellen Rechtsverstoß herrührenden Bedenken ausgeräumt, weil jedenfalls der rechtswidrige Abschnitt keine Wirkung auslöst.

Dieser Umstand erklärt die Schwierigkeit, eine einheitliche und klare Entscheidung zugunsten des einen oder anderen Prinzips zu treffen. Im Laufe der Entwicklung ergaben sich als Hilfsmittel ein subjektiver und ein objektiver Gesichtspunkt. Einmal soll es vom Willen des Erklärungsurhebers abhängen, ob totale oder partielle Ungültigkeit eintritt. Möglich ist aber auch, auf die objektive Sinnverknüpfung des nichtigen mit dem an sich wirksamen Teil der Regelung abzustellen, mit der Folge, daß das objektiv Vernünftige aufrechterhalten wird. Angesichts der Gleichwertigkeit beider Kriterien erscheinen Vollnichtigkeit und Restwirksamkeit in den verschiedenen Rechtsgebieten und -kreisen stark relativiert und vielgestaltig verbunden[1].

I. Rechtsgeschäfte (§ 139 BGB)

Das BGB hat sich in § 139 für die Gesamtnichtigkeit entschieden, wenn nicht das Rechtsgeschäft auch ohne den ungültigen Teil vorgenommen wäre. Die grundsätzliche Vollnichtigkeit steht unter dem Vorbehalt der Restgültigkeit, wenn der Parteiwille die teilweise Aufrechterhaltung erlaubt.

---

[1] Das Problem der Teilnichtigkeit ist vor allem von *Mayer-Maly* in der Gedenkschrift für Gschnitzer auf S. 256 ff. allgemein und nicht nur in Zusammenhang mit § 139 BGB erörtert worden.

1. Rechtsgeschichtliches

Durch § 139 hat das BGB mit einer Tradition gebrochen, die im römischen Recht ihren Ursprung hatte und im gemeinen Recht herrschend war[2].

Das römische Recht löste zahlreiche Fälle nach dem Satz „utile per inutile non vitiatur", ohne ihn als Prinzip anzuerkennen. Totalunwirksamkeit trat ein, wenn ein Rechtsgeschäft in seinem Hauptteil ungültig war[3]; ferner, wenn die Abtrennung des unbedenklichen Restes dem Parteiwillen oder dem Zweck des Gesetzes widersprochen hätte[4]. Man findet zwar kein eindeutiges Bekenntnis zum Grundsatz der Restgültigkeit, aber die bedeutsame Vermischung von objektiven und subjektiven Merkmalen (Zusammenhang zwischen Haupt- und Nebenbestimmungen, Zweck des Verbotsgesetzes — Wille der Erklärungsurheber), welche bis heute die Diskussion um die Teilnichtigkeit beherrschen.

Das gemeine Recht hat den Satz „utile per inutile non vitiatur" mit seinen Ausnahmen rezipiert. Er erhielt dispositiven Charakter, da den Parteien die Geltung des wirksamen Teils nicht aufgezwungen werden sollte[5]. Weiter wurde anerkannt, daß bei Nichtigkeit des Hauptteils eines Rechtsgeschäfts der Satz keine Anwendung finden könne[6].

Die optimale Klärung der komplizierten und undurchsichtigen Rechtslage brachte der vom Deutschen Bund veranlaßte „Entwurf eines allgemeinen deutschen Gesetzes über Schuldverhältnisse vom 13. Juni 1866" (Dresdener Entwurf). Sein Art. 137 Abs. 1 lautete:

Die Nichtigkeit einer einzelnen Vertragsbestimmung zieht die Nichtigkeit des ganzen Vertrages nur dann nach sich, wenn die übrigen Bestimmungen ohne die nichtige nicht bestehen können oder nach der Absicht der Vertragschließenden nicht bestehen sollen[7].

Diese Norm trug allen Kriterien Rechnung, die im Zusammenhang mit dem Teilnichtigkeitsproblem entwickelt worden sind. Die prinzipielle Aussage für die Restgültigkeit wird relativiert, wenn der Vertrag nicht in selbständige Teile zerlegbar ist oder die Vertragschließenden die Teilwirksamkeit ablehnen. Die Teilbarkeit als der objektive und der Parteiwille als der subjektive Gesichtspunkt bestimmen das Schicksal des partiell fehlerhaften Rechtsgeschäfts.

---

[2] *Mayer-Maly* S. 281; *Heinrich Lange*, BGB Allg. Teil § 49 IV 1.

[3] Cum principalis causa non constitit, ne ea quidem quae sequuntur locum habent (D. 50, 17, 129, 1 und 178). Dazu *Flume*, Das Rechtsgeschäft § 32, 5.

[4] *Lang*, Teilweise Nichtigkeit der Rechtsgeschäfte S. 3.

[5] Oberster Gerichtshof für Bayern in SeuffArch 34, 394 f.; *André*, Einfache, zusammengesetzte, verbundene Rechtsgeschäfte S. 11; *Lang* S. 5 f.

[6] RG SeuffArch 40, 436 (437 f.).

[7] Zitiert nach der von *B. Francke* herausgegebenen (amtlichen) Veröffentlichung des Entwurfs, Dresden 1866.

2. Rechtsvergleichung

Dem gemeinen Recht ähnliche Regelungen sind in den meisten europäischen Kodifikationen enthalten. Artikel 1419 des italienischen Codice Civile, Artikel 20 Abs. 2 des Schweizerischen Obligationenrechts und Artikel 181 des griechischen Zivilgesetzbuchs streben eine Beschränkung der Nichtigkeit auf den unmittelbar rechtsverstoßenden Teil des Rechtsgeschäfts an, wenn Teilbarkeit und Parteiwille die teilweise Wirksamkeit rechtfertigen[8].

Der Code Civil und das österreichische ABGB erteilen keine allgemeine Antwort auf die Teilnichtigkeitsfrage. Artikel 1172 Code Civil geht anders als das gemeine Recht von der Gesamtnichtigkeit aus, indem er anordnet, daß eine rechtswidrige Bedingung den von ihr abhängigen Vertrag nichtig macht[9]. Rechtsprechung und Lehre wenden die Vorschrift auf jede rechtswidrige Vertragsklausel an, lassen aber zahlreiche Ausnahmen vom Gesamtnichtigkeitsprinzip zu[10]. § 878 Satz 2 ABGB hat die gemeinrechtliche Lösung nur für den Fall der partiellen Unmöglichkeit der Leistung übernommen[11]. Die Doktrin befürwortet

---

[8] *Art. 1419 Codice Civile*

    (1) Die einen Teil des Vertrags betreffende Nichtigkeit einzelner Abreden führt zur Nichtigkeit des ganzen Vertrags, wenn sich ergibt, daß die Parteien ihn ohne den von der Nichtigkeit betroffenen Teil seines Inhalts nicht geschlossen haben würden.

    (2) Die Nichtigkeit einzelner Abreden hat die Nichtigkeit des Vertrags nicht zur Folge, wenn an die Stelle der nichtigen Klauseln von Rechts wegen zwingende Normen treten.
    (Übersetzung von *H. J. Becher* in Band 6 der Materialien zum Ausländischen Internationalen Privatrecht, Berlin-Tübingen 1965).

    Art. 20 Abs. 2 Schweizerisches OR.

    Betrifft der Mangel bloß einzelne Teile des Vertrages, so sind nur diese nichtig, sobald nicht anzunehmen ist, daß er ohne den nichtigen Teil überhaupt nicht geschlossen worden wäre.

    Art. 181 griechisches ZGB.

    Die Nichtigkeit eines Teils führt zur Nichtigkeit des ganzen Rechtsgeschäfts, wenn anzunehmen ist, daß es ohne den nichtigen Teil nicht vorgenommen sein würde.

[9] Toute condition d'une chose impossible, ou contraire aux bonnes mœurs, ou prohibée par la loi, est nulle, et rend nulle la convention qui en dépend.

[10] *Sandrock* AcP 159 (1960/61), 481 (485 m. w. N.). Der Vorentwurf des Code Civil von 1955 hat die Konsequenz gezogen und sich für den Satz „utile per inutile non vitiatur" entschieden, vgl. Art. 66 f. der amtlichen Veröffentlichung des „Avant-projet de Code Civil, présenté à M. le Garde des Sceaux, Ministre de la Justice, par la Commission de réforme du Code Civil (1ère partie)", Paris 1955.

[11] *§ 878 Satz 2 ABGB:* Ist Mögliches und Unmögliches zugleich bedungen, so bleibt der Vertrag in ersterem Teile gültig, wenn anders aus dem Vertrag nicht hervorgeht, daß kein Punkt von dem anderen abgesondert werden könne.

allerdings die analoge Anwendung dieser Bestimmung überall dort, wo ein Vertrag zum Teil ungültig ist[12].

3. § 139 BGB

§ 139 BGB ist von den herkömmlichen Grundsätzen abgewichen, indem er die Gesamtnichtigkeit zur Regel erhebt[13]. Die bewährten Kriterien der Teilbarkeit des Rechtsgeschäfts und der Heranziehung des Parteiwillens wurden aber im wesentlichen beibehalten[14].

Die Erwägung, den Beteiligten die partielle Verwirklichung ihrer Vertragsabsicht nicht aufzudrängen[15], also die Achtung vor dem Willen der Parteien, war bei dieser Abkehr vom gemeinrechtlichen Prinzip maßgebend. Sie hat sich jedoch als unglücklich erwiesen, so daß mehrfach Versuche unternommen worden sind, die Aussage des § 139 BGB abzuschwächen, ihn sogar in sein Gegenteil umzudeuten.

a) § 139 BGB als Beweislast- und Auslegungsregel

Kurz nach Einführung des BGB wurde die These vertreten, § 139 BGB komme die Bedeutung einer Beweislastregelung zu[16]. Danach soll die Beweislast für die partielle Wirksamkeit tragen, wer behauptet, der nichtige Teil habe keinen Einfluß auf die Verbindlichkeit der übrigen Vereinbarungen. Entsprechend wurde die Sonderregel des § 2085 BGB beurteilt: Bei teilnichtigen letztwilligen Verfügungen soll die Beweislast der Vollnichtigkeit denjenigen treffen, der sich darauf beruft[17]. Nach § 139 BGB spreche eine Vermutung für die Gesamtnichtigkeit, nach § 2085 BGB für die Restgültigkeit des Rechtsgeschäfts.

Die Teilaufrechterhaltung begünstigt auch die Ansicht, bei § 139 BGB handele es sich um eine ergänzende Auslegung nach §§ 133, 157 BGB[18]. Auf der Basis der rechtsgeschäftlichen Erklärungen und der Umstände beim Vertragsschluß soll ermittelt werden, was die Parteien vereinbart

---

[12] *Gschnitzer* in *Klang-Gschnitzer*, ABGB Anm. B II 2 zu § 878.

[13] Daß das bewußt geschehen ist, hat *Mayer-Maly* S. 275 f. gegen *Pierer von Esch*, Teilnichtige Rechtsgeschäfte S. 68, an Hand der Gesetzesmaterialien nachgewiesen.

[14] Der Satz, daß die Ungültigkeit des Hauptteils die Ungültigkeit des Nebenteils nach sich zieht, wurde als selbstverständlich nicht in § 139 BGB aufgenommen, vgl. *André* S. 12.

[15] RG JW 1908, 445.

[16] Vgl. *André* S. 12.

[17] RGZ 63, 23 (29); 116, 148 (151); *Blomeyer*, Zivilprozeßrecht § 69 III 2 d; *Staudinger-Seybold*, BGB Rdnr. 1 zu § 2085.

[18] *Oertmann*, BGB Allg. Teil S. 510 f.

hätten, wenn ihnen die partielle Unwirksamkeit bekannt gewesen wäre. Dabei hänge die Restgültigkeit von der Feststellung ab, ob die Erklärenden bei Geschäftsabschluß vernünftigerweise nach Treu und Glauben unter Berücksichtigung der Verkehrssitte die Wirksamkeit des Rechtsgeschäfts nicht an der Nichtigkeit eines Teils hätten scheitern lassen[19].

Demgegenüber kann als sicher gelten, daß die Gesetzesväter des BGB durch § 139 die Erforschung des tatsächlichen Willens vorschreiben wollten[20]. Der tatsächliche Wille wird aber selten festzustellen und noch seltener übereinstimmend sein, so daß in der Regel Gesamtnichtigkeit eintreten müßte. Diese Regel verwandelt die überwiegende Meinung durch die Heranziehung dessen, was die Parteien bei Kenntnis des partiellen Rechtsverstoßes vernünftigerweise gewollt hätten, zur Ausnahme.

b) Ausschluß des § 139 BGB bei Allgemeinen Geschäftsbedingungen und im Arbeitsrecht

Die Tatsache, daß die Anwendung des § 139 BGB bei Nichtigkeit einzelner Allgemeiner Geschäftsbedingungen (AGB) und im Arbeitsrecht zu unbilligen Ergebnissen führt, war der Anstoß für mehrere Vorschläge, die von § 139 BGB angeordnete Totalnichtigkeit zu vermeiden.

Trotz verschiedener Ausgangspunkte und Begründungen besteht Einigkeit darüber, daß im Recht der AGB der Einzelvertrag nicht an der Unwirksamkeit einzelner vertragsrezipierter AGB-Klauseln scheitert[21]. Im Arbeitsrecht wurde frühzeitig erkannt, daß eine Einschränkung des § 139 BGB bei partiellem Verstoß von Arbeitsverträgen gegen die Arbeitnehmer schützende Normen aus Billigkeitsgründen geboten ist[22].

---

[19] RGZ 118, 218 (222); BAGE 1, 258 (271); BGH LM Nr. 13 zu 139 BGB; *Enneccerus-Nipperdey*, Allg. Teil § 202 IV 2; *Larenz*, Allg. Teil § 29 II c; *Soergel-Siebert-Hefermehl*, BGB Rdnr. 19 zu § 139.

[20] *Pawlowski*, Rechtsgeschäftliche Folgen nichtiger Willenserklärungen S. 207, unter Hinweis auf die Motive zum BGB, I S. 222. *Erman-Westermann*, BGB Rdnr. 3 zu § 139, betont heute noch, daß es bei § 139 BGB um die Feststellung des tatsächlichen Willens geht.

[21] Grundsätzlich BGHZ 22, 90 (92 f.) unter Hinweis auf die st. Rspr. des RG; 51, 55 (57); NJW 1965, 246 (247) und 1970, 29 (30); *Enneccerus-Nipperdey* Fn. 38 auf S. 1012; *Naendrup*, Die Teilnichtigkeit im Recht der AGB S. 158 ff.; *Sandrock*, AcP 159 (1960/61), 481 (524 ff., 531 f.). Wer die AGB aufstellt, will in aller Regel Verpflichtungen nur zu diesen Bedingungen übernehmen, so daß die Anwendung des § 139 BGB bei Nichtigkeit einzelner Klauseln die Totalnichtigkeit der Einzelverträge zur Konsequenz hätte. Dieses Ergebnis würde aber gerade denjenigen begünstigen, der durch die Formulierung der AGB einseitig die partielle Rechtsverletzung verursacht hat.

[22] RGZ 146, 116 (118 f.); BAGE 1, 128 (133) und 136 (139); 4, 274 (285 f.); BGHZ 40, 235 (238 f.) und NJW 1967, 245 f.

Sonst wäre die Auflösung des gesamten Arbeitsverhältnisses die Konsequenz[23].

c) Insbesondere: Teilnichtigkeit von Tarifverträgen

Die zur Teilnichtigkeit von Tarifverträgen vertretenen Auffassungen sind mit Rücksicht auf ihren normativen Teil für das Problem der Teilnichtigkeit von Gesetzen von besonderer Bedeutung.

Der Tarifvertrag besteht aus einem schuldrechtlichen Teil, der die kollektiven Rechte und Pflichten der Tarifvertragsparteien enthält, und einem normativen Teil mit Regelungen, die unmittelbar den Inhalt der Rechtsverhältnisse zwischen den tarifgebundenen Arbeitgebern und -nehmern bestimmen[24]. Dadurch wird der Tarifvertrag nicht ein Institut des öffentlichen Rechts. Abschluß, Wirksamkeit, Erfüllung, Änderung, Verletzung und Beendigung werden grundsätzlich nach den bürgerlich-rechtlichen Normen über Schuldverhältnisse beurteilt[25].

aa) § 139 BGB

Verstößt ein Teil des Tarifvertrags gegen zwingendes Recht, so stellt sich die Frage, was aus dem Rest wird. Das Bundesarbeitsgericht geht in seiner Rechtsprechung mit Rücksicht auf den Rechtsgeschäftscharakter des Tarifvertrags von § 139 BGB aus[26]. Maßgebend soll der zur Zeit des Vertragsabschlusses vorhandene und feststellbare Wille der Tarifparteien sein. Die richterliche Prüfung darf jedoch nicht rein subjektiv ohne Berücksichtigung der Vertragszwecke erfolgen. Es kommt darauf an, welche Entscheidung die Parteien nach Treu und Glauben unter Beachtung der Verkehrssitte getroffen hätten. Der Rest wird aufrechtzuerhalten sein, wenn er für die Vertragschließenden so viel praktischen Wert besitzt, daß sie ihn auch ohne den nichtigen Teil vereinbart hätten[27].

---

[23] Wenn Teile eines Arbeitsvertrags gegen den Arbeitnehmer schützende Normen verstoßen, würde nach § 139 BGB die Nichtigkeit das gesamte Arbeitsverhältnis ergreifen, weil der Arbeitgeber in der Regel auf die Verbindlichkeit der gesetzwidrigen Abmachungen Wert legt. Es entspricht kaum dem Zweck der verletzten Schutzbestimmung, daß wegen ihrer Einhaltung der — zu schützende — Arbeitnehmer arbeitslos wird.

[24] §§ 1, 2 und 4 Abs. 2 TarifvertragsG; BAG AP Nr. 4 zu Art. 3 GG (Blatt 3); *Hueck-Nipperdey*, Lehrbuch des Arbeitsrechts II/1 § 12 I 1; *Hueck-Nipperdey-Stahlhacke*, TarifvertragsG Rdnr. 43 zu § 1; *Nikisch*, Arbeitsrecht II § 73 I 2 und 3.

[25] *Hueck-Nipperdey* § 18 V vor 1.

[26] BAGE 1, 258 (272) und 348 (358); 4, 240 (259 f.); AP Nr. 70 zu Art. 3 GG mit zust. Anmerkung von *Götz Hueck;* AP Nr. 2 zu § 3 BUrlG.

[27] BAGE 1, 258 (271).

Das Bundesarbeitsgericht geht einen Schritt weiter und nimmt eine Umkehr der Beweislast vor. Entgegen der Vermutung des § 139 BGB ist die Partei, die weitergehende oder totale Nichtigkeit behauptet, darlegungs- und beweispflichtig[28]. Der Grund liegt darin, daß Tarifverträge eine Vielzahl von Einzelarbeitsverhältnissen regeln und eine bedeutende Ordnungsfunktion im Arbeitsleben haben. So wird die Restgültigkeit des Tarifs die Regel, die totale Nichtigkeit die Ausnahme sein.

bb) Restgültigkeit

Die Wiedergabe der Rechtsprechung zeigt, daß das Bundesarbeitsgericht seinen Ausgangspunkt — nämlich § 139 BGB — verlassen hat. Aus diesem Grund erklärt die Lehre, der in § 139 verkörperte Rechtsgedanke könne auf Tarifverträge keine Anwendung finden[29]. Volle Ungültigkeit soll — in Anlehnung an die Judikatur des Bundesverfassungsgerichts zur Teilnichtigkeit von Gesetzen — nur eintreten, wenn sich aus dem Sinn des Tarifvertrags ergibt, daß die übrigen Bestimmungen keine selbständige Bedeutung haben, oder wenn die Tarifnorm Teil einer Gesamtregelung ist, die ihren Sinn und ihre Rechtfertigung verlieren würde, nähme man einen ihrer Bestandteile heraus[30]. Die Teilnichtigkeitsfrage wird also an Hand objektiver Merkmale gelöst.

4. Schwerpunkte der heutigen Auslegung des § 139 BGB

Die vorangegangenen Ausführungen zeigen, daß der Gesetzgeber seine Absicht nicht verwirklichen konnte, mit § 139 BGB von herkömmlichen Grundsätzen abzuweichen[31]. Die Bestimmung hat eine Entwicklung erfahren, die durchaus als gemeinrechtskonform zu bezeichnen ist. Es hat sich nicht erweisen können, daß die radikale Gesamtnichtigkeitskonzeption des § 139 BGB der Parteiautonomie besser als eine (relative) Restgültigkeitsmaxime entspricht[32]. Die zivilrechtliche Rechtsprechung und Lehre haben die gesetzgeberische Fehlentscheidung durch Rechtsfortbildung korrigiert. Ihre Auslegung des § 139 BGB soll im folgenden schwerpunktmäßig dargestellt werden.

---

[28] BAG S. 272.

[29] *Beitzke*, Anm. zu BAG AP Nr. 4 zu Art. 3 GG; *Herschel* BB 1965, 791 (792); *Hueck-Nipperdey-Stahlhacke* Rdnr. 25.

[30] *Herschel* S. 792; *Hueck-Nipperdey* § 18 V 2 c.

[31] *Mayer-Maly* spricht in der Gedenkschrift für Gschnitzer auf S. 282 von der „Wiederkehr nicht überwundener gemeinrechtlicher Vorstellungen"; vgl. auch JZ 1971, 1 (3).

[32] Das BGB kann den Charakter einer freiheitlichen Privatrechtsordnung nicht monopolisieren, weil andere Rechtsordnungen, die der Restwirksamkeit den Vorzug geben, deswegen nicht weniger vertragsfreiheitsfreundlich sind, vgl. *Mayer-Maly* S. 283.

a) Einheitlichkeit und Teilbarkeit

Die Vorschrift des § 139 BGB greift ein, wenn ein einheitliches Rechtsgeschäft in Abschnitte zerlegbar ist[33] und die Nichtigkeitsfolge einen dieser Abschnitte trifft. Einheitlichkeit wird angenommen, soweit Wertungsmerkmale wie die äußere Verbindung, der wirtschaftliche Zweck und die das Geschäft begleitenden Umstände diese Annahme rechtfertigen[34]. Teilbarkeit liegt vor, wenn die einheitliche rechtsgeschäftliche Regelung aus selbständigen Teilen besteht; dabei darf das Ausscheiden des ungültigen Teils die Geschäftseigenschaft nicht in Frage stellen. Dem Rest muß für sich betrachtet der Rechtsgeschäftscharakter verbleiben[35]. Hervorzuheben ist, daß bei der Frage nach der Teilbarkeit etwaige Vorstellungen der Parteien unerheblich sind. Die Teilbarkeit bestimmt sich nach objektiven Grundsätzen[36].

b) Rechtsfolge des § 139 BGB

Verstoßen einzelne Bestimmungen eines einheitlichen, aber teilbaren Rechtsgeschäfts gegen die Rechtsordnung, so tritt Restgültigkeit ein, wenn die Beteiligten bei Geschäftsabschluß vernünftigerweise nach Treu und Glauben unter Berücksichtigung der Verkehrssitte den unbedenklichen Teil aufrechterhalten hätten[37].

Wenn behauptet wird, § 139 BGB werfe die Frage nach dem hypothetischen Parteiwillen auf[38], trifft das zu, solange man davon ausgeht, daß diese Vorschrift eine objektive Wertung und nicht die Ermittlung des

---

[33] BGH NJW 1969, 1759; *Larenz*, Allg. Teil § 29 II a und b; *Soergel-Siebert-Hefermehl*, BGB Rdnr. 1 zu § 139; *Staudinger-Coing*, BGB Rdnr. 2, 4 a und 5 zu § 139.

[34] *Enneccerus-Nipperdey*, Allg. Teil § 202 IV 1 a; *Heinrich Lange*, BGB Allg. Teil § 49 IV 2 b; *Pierer von Esch*, Teilnichtige Rechtsgeschäfte S. 34. Der BGH stellt in LM Nr. 34 zu § 139 BGB darauf ab, ob die Parteien das Rechtsgeschäft als einheitliches gewollt haben.

[35] RGZ 93, 334 (338); 146, 234 (236); Das Recht 1922 Nr. 10 und 1930 Nr. 548; JW 1936, 2532 Nr. 4; BGH LM Nr. 13 zu § 139 BGB; NJW 1962, 912 (913); *Flume*, Das Rechtsgeschäft § 32, 2 c; *Staudinger-Coing* Rdnr. 5. Nur *Pawloski*, Rechtsgeschäftliche Folgen nichtiger Willenserklärungen S. 175 f., hält die gesonderte Prüfung der Teilbarkeit neben der Erforschung des hypothetischen Parteiwillens für überflüssig; dagegen *Pierer von Esch* Fn. 14 auf S. 53 f.

[36] RGZ 146, 234 (236); *Pierer von Esch* S. 54. Im Zivilrecht gebraucht man auch den Ausdruck „subjektive Teilbarkeit". Darunter werden aber die Fälle verstanden, wo auf der einen Seite des Rechtsgeschäfts mehrere Personen Erklärungen abgeben, von denen mindestens eine nichtig ist, vgl. *Pierer von Esch* S. 55 f.

[37] RGZ 118, 218 (222); BGH LM Nr. 13 zu § 139 BGB; BAGE 1, 258 (271); *Enneccerus-Nipperdey* § 202 IV 2; *Flume* § 32, 5; *Larenz* § 29 II c; *Soergel-Siebert-Hefermehl* Rdnr. 19.

[38] *Soergel-Siebert-Hefermehl* Rdnr. 1; in dieser Richtung auch RGZ 122, 138 (141).

hypothetischen Willens als eines Faktums erfordert[39]. § 139 BGB ist nicht lediglich Ausfluß des Gedankens der Privatautonomie, sondern die Verbindung dieses Grundsatzes mit dem Versuch, durch eine vervollständigende objektive Wertung eine im Sinne der Parteien billige Lösung zu finden. Der Rechtsanwender muß ähnliche Überlegungen wie bei der ergänzenden Vertragsinterpretation nach §§ 133, 157, 242 BGB und beim Fehlen bzw. Wegfall der Geschäftsgrundlage anstellen[40].

II. Verwaltungsakte

Verwaltungsakte können mit Fehlern behaftet sein, die von unterschiedlicher Erheblichkeit sind und deshalb verschiedene Rechtsfolgen auslösen[41]. Ein (fehlerhafter) Verwaltungsakt ist nichtig, wenn er an einem besonders gravierenden und offenkundigen Fehler leidet[42]; er ist (nur) rechtswidrig und vernichtbar, wenn seine Rechtsgrundlage ungültig ist[43] oder sein Zustandekommen auf unrichtiger Anwendung gültiger Rechtssätze beruht[44].

1. Teilnichtige und teilaufhebbare Verwaltungsakte

Dementsprechend erscheint die partielle Fehlerhaftigkeit bei Verwaltungsakten in zweifacher Gestalt. Denkbar sind teilnichtige und teilaufhebbare Verwaltungsakte. Erstere sind in gewissem Umfang mit einem schweren und evidenten Mangel behaftet, letztere teilweise durch Anwendung ungültiger oder durch falsche Anwendung gültiger Rechtsvorschriften zustandegekommen.

Diese Tatsache bedeutet nicht, daß eine unterschiedliche Beurteilung der beiden Fallgruppen erforderlich ist. Zwar weichen teilnichtige und

---

[39] Vgl. *Enneccerus-Nipperdey* § 202 IV 2, *Flume* § 32, 5 und *Larenz* § 29 II c.

[40] Vgl. *Larenz* § 29 II c.; ähnlich *Buchner* JZ 1968, 622 (626).

[41] *Wolff*, Verwaltungsrecht I § 51 I b vor 1.

[42] *Sog. Evidenztheorie*: BVerwGE 11, 106 (108) und 195 (199); 19, 284 (287); BGH VerwRspr 14 (1962), 307 f.; OVG Münster AS 16, 38 (39); § 34 Abs. 1 Satz 1 EVwVerfG 1963.

[43] So BVerwGE 1, 67 (69 f.); 19, 284 (287); OVG Münster DVBl 1965, 950 (951); *Wolff* § 51 III b 3 auf S. 372. Für die Einordnung des Verwaltungsakts ohne Ermächtigungsgrundlage in die Fehlerstufe der Rechtswidrigkeit fehlt es trotz der lapidaren Feststellung des BVerwG aaO, ein Verwaltungsakt sei nicht schon deshalb nichtig, weil er der gesetzlichen Ermächtigungsgrundlage entbehre, an einer überzeugenden Begründung. *Wolff* weist auf § 79 Abs. 2 BVerfGG hin, wonach die Nichtigerklärung einer Rechtsnorm durch das BVerfG nicht die Unwirksamkeit der darauf gestützten Exekutivakte zur Folge hat. Über den Aussagewert von § 79 Abs. 2 BVerfGG vgl. die interessante Kontroverse zwischen *Maisch* und *Adolf Arndt* in der NJW 1959, S. 227 ff, 1475 ff. und 863 ff., 2145 ff.

[44] BVerwGE 13, 28 (31); 30, 138 (145).

teilaufhebbare Verwaltungsakte in ihren Rechtsfolgen voneinander ab, aber gemeinsam ist ihnen, daß sie nur zum Teil rechtswidrig sind. Das rechtfertigt eine einheitliche Untersuchung[45].

2. Zulässigkeit der Teilnichtigkeit und Teilaufhebung

§ 113 Abs. 1 Satz 1 VwGO schreibt vor, daß das Verwaltungsgericht den angefochtenen Verwaltungsakt aufhebt, *soweit* er rechtswidrig ist und den Kläger dadurch in seinen Rechten verletzt. Mit Rücksicht auf den eindeutigen Wortlaut der Bestimmung und angesichts der bestehenden Möglichkeit, auch den nichtigen Verwaltungsakt mit der Anfechtungsklage anzugreifen[46], werden Teilaufhebung und Teilnichtigkeit allgemein für zulässig gehalten[47].

Das positive Recht räumt den Verwaltungsgerichten darüber hinaus eine Reformationsbefugnis ein, wenn Verwaltungsakte angefochten werden, die eine Leistung in Geld oder anderen vertretbaren Sachen oder eine Feststellung betreffen[48]. Das Gericht darf die Leistungspflicht des Klägers herabsetzen[49], wenn z. B. „der Abgabenbescheid über 1000 in Höhe von 400 rechtswidrig ist"[50], oder die Feststellung durch eine andere — für den Kläger günstigere — ersetzen. Schließlich ist eine teilweise Aufhebung in zeitlicher Hinsicht denkbar, wenn der ursprünglich rechtmäßige, auf Dauer gerichtete Verwaltungsakt vor Eintritt der Unanfechtbarkeit rechtswidrig wird[51]. Diese Fallgruppe zeichnet sich gegen-

---

[45] Im bürgerlichen Recht bestimmen nämlich die §§ 139, 2085 BGB auch das Schicksal teilweise anfechtbarer Rechtsgeschäfte nach erfolgter Anfechtung. Dazu: BGH NJW 1969, 1759 (1760); *Kipp-Coing*, Erbrecht § 24 III 1 a.

[46] VGH Mannheim VerwRspr 13 (1961), 236 (237); *Bettermann*, Gedächtnisschrift für Walter Jellinek S. 361 (383); *Eyermann-Fröhler*, VwGO Rdnr. 1 zu Anh. § 42; *Redeker-v. Oertzen*, VwGO Rdnr. 11 zu § 42.

[47] BVerwGE 1, 174 (175); 23, 175 f.; VG Bremen NJW 1965, 1196; *Bettermann*, Festschrift für Kyriacopoulos S. 785 (807); *Czermak* DVBl 1967, 417; *Ernst Rudolf Huber*, Wirtschaftsverwaltungsrecht II § 109 I 2 e aa; *Imboden*, Schweizerische VerwRspr Nr. 48 Bem. IV und Nr. 49 Bem. III; *Walter Jellinek*, Verwaltungsrecht § 11 III 3; *Koehler*, VwGO Anm. B X 2 zu § 113; *Menger*, System des verwaltungsgerichtlichen Rechtsschutzes S. 173 f.; *Schunck-De Clerck*, VwGO Anm. 2 a bb zu § 113.

[48] §§ 113 Abs. 2 VwGO, 100 Abs. 2 FGO; vgl. *Ress*, Die Entscheidungsbefugnis in der Verwaltungsgerichtsbarkeit S. 170.

[49] Insoweit muß der Gesetzeswortlaut (§ 113 Abs. 2 spricht von *anderer Höhe*) berichtigt werden. Das Gericht ist wegen seiner Bindung an das Klagebegehren (§ 88 VwGO) nicht befugt, die Leistungspflicht des Klägers heraufzusetzen, vgl. *Bachof*, Die Vornahmeklage S. 56.

[50] *Bettermann* S. 807.

[51] Während das BVerwG früher die Ansicht vertreten hat, daß die Anfechtungsklage notwendig auf die ex-tunc-Aufhebung eines Verwaltungsakts gerichtet sein und für dessen Rechtmäßigkeit auf die Rechts- und Sachlage im Zeitpunkt der letzten behördlichen Entscheidung abgestellt werden müs-

über den anderen dadurch aus, daß die totale oder partielle Kassation temporal zu bestimmen ist: Zur Wahl stehen die Vernichtung ex tunc oder zum Zeitpunkt des Eintritts der Rechtswidrigkeit[52].

3. Voraussetzungen

§ 113 Abs. 1 VwGO sagt nichts darüber aus, unter welchen Voraussetzungen eine partielle Kassation der totalen vorzuziehen ist. Die Entscheidung wird im materiellen Recht gesucht[53].

a) Teilbarkeit

Gemäß dem Rechtsgrundsatz des § 139 BGB sind Verwaltungsakte einer Teilung zugänglich, wenn die Absonderung des fehlerhaften Teils die Bestandsfähigkeit des verbleibenden unbedenklichen Restes nicht berührt, ihm die Selbständigkeit und die Verwaltungsaktseigenschaft nicht entzieht[54].

b) Entscheidungskriterien
für Gesamtnichtigkeit oder Restgültigkeit

Nach Bejahung der durch objektive Gesichtspunkte zu bestimmenden Teilbarkeit ist die Feststellung notwendig, wer über Gesamtnichtigkeit oder Restgültigkeit des teilbaren Verwaltungsakts entscheidet. Dazu werden verschiedene Lösungen angeboten:

Die herrschende Auffassung erklärt den Behördenwillen für maßgeblich. Eine Teilaufhebung soll nur möglich sein, wenn die Verwaltung bei Kenntnis der partiellen Fehlerhaftigkeit den rechtmäßigen Teil des

---

se (E 1, 35/36 ff.; 2, 55/57 und 259/260 f.), geht der I. Senat neuerdings davon aus, daß eine Aufhebung zu einem späteren Zeitpunkt möglich ist, wenn die Voraussetzungen der Verfügung nach Erlaß des Widerspruchsbescheids wegfallen: Grundsätzlich E 28, 202 (205 ff.); früher schon E 22, 16 (19) mit zust. Anmerkung von *Bachof* in JZ 1966, 140 f. und BVerwG DVBl 1961, 731; zum Meinungsstand in der Literatur vgl. *Eyermann-Fröhler* Rdnr. 4 a zu § 113. Nach Eintritt der Unanfechtbarkeit kann der Betroffene den rechtswidrig gewordenen Verwaltungsakt nur durch Verpflichtungsklage beseitigen.

[52] Insoweit ungenau *Redeker-v. Oertzen* Rdnr. 2 zu § 113, die von einer Aufhebung *ex nunc* sprechen.

[53] VG Bremen NJW 1965, 1196; *Eyermann-Fröhler* Rdnr. 14 zu Anh. § 42 und 35 zu § 113; *Koehler* Anm. B X 2; *Martens* DVBl 1965, 428.

[54] *Badura* JuS 1964, 103; *Merk* Verwaltungsrecht I § 32 VIII a 4; *Ress* S. 171 f auf Fn. 278; *Schunck-De Clerck* Anm. 2 a bb; *Ule* VwGO Anm. I 1 c zu § 113. Verwaltungsakte, die zu einer Geldleistung verpflichten, können nach Grund und Höhe teilbar sein. Über die Teilbarkeit von Steuerbescheiden dem Grunde nach herrscht in der Literatur zum Finanzgerichtsverfahren lebhafter Streit, vgl. *Söhn* VerwArch 60 (1969), 64 (67 ff. m. w. N.).

Verwaltungsakts erlassen hätte[55]. Die Begründung wird darin gesehen, daß sonst der Richter die seiner Tätigkeit verfassungsrechtlich gesetzten Grenzen durch einen Übergriff in die Zuständigkeit der Exekutive verletzen würde[56]. Oder es wird auf das allgemeine Rechtsprinzip des § 139 BGB hingewiesen, der auf den Willen des Erklärungsurhebers abstellt[57]. In der Sache ergänzen sich beide Argumente, weil die Gewaltenteilung gebietet, den Verwaltungswillen bei der Frage nach der Aufrechterhaltung genügend zu berücksichtigen.

Die Ergebnisse der herrschenden Meinung hat der Entwurf eines Verwaltungsverfahrensgesetzes von 1963 (EVwVerfG) in § 34 Abs. 1 Satz 2 fortgebildet. Danach tritt Gesamtnichtigkeit ein, „wenn der nichtige Teil so wesentlich ist, daß die Behörde den Verwaltungsakt ohne ihn nicht erlassen haben würde". In der Einzelbegründung wird ausgeführt, daß im Gegensatz zu § 139 BGB Restwirksamkeit vermutet werden soll[58]. Ganz im Sinne der Entwicklung des Teilnichtigkeitsproblems sind objekt- und subjektbezogene Kriterien verkoppelt, weil die Totalkassation die Wesentlichkeit des ungültigen Teils zusammen mit dem entsprechenden Behördenwillen voraussetzt.

Eine Gegenmeinung betont die Begrenzung der Rechtswidrigkeit auf den fehlerhaften Teil: Im Zweifel soll sie nicht den ganzen Verwaltungsakt ergreifen. Das folge aus dem Grundsatz der Rechtsbeständigkeit hoheitlicher Maßnahmen sowie daraus, daß die rechtskundige Behörde die Folgen ihrer Fehler tragen müsse. Auf ihren wirklichen oder mutmaßlichen Willen komme es nicht an[59]. Oder es wird damit argumentiert, daß der Gesetzeswille dem Behördenwillen vorgehe und bewirke, daß nur der mangelhafte Teil aufzuheben sei[60].

Im Gegensatz zur herrschenden Ansicht wird neuerdings nicht auf den Verwaltungswillen, sondern auf das objektive Recht abgestellt[61]. Wegen der Bestimmung der Fehlerhaftigkeit eines Verwaltungsakts an Hand objektivrechtlicher Merkmale müsse die Entscheidung über Gesamt- oder Teilaufhebung ein objektiver Gesichtspunkt treffen, nämlich, ob die Behörde den Verwaltungsakt ohne den rechtswidrigen Teil hätte

---

[55] RGZ 133, 206 (211 f.); BGHZ 7, 1 (10); 16, 192 (198); BVerwGE 1, 174 (175); *Badura* S. 103; *Forsthoff*, Verwaltungsrecht § 12, 3; *Walter Jellinek* § 11 III 3; *Klinger*, VwGO Anm. B 2 zu § 113; *Ule* Anm. I 1 c.

[56] Vgl. *Badura* S. 103; *Menger* S. 174.

[57] PrOVGE 61, 345 (346); OVG Berlin NJW 1964, 1152; OVG Hamburg VerwRspr 12 (1960), 739 (740 f.); *Forsthoff* § 12, 3; *Herbert Krüger* DVBl 1955, 450 (456).

[58] 2. Auflage 1968 S. 154.

[59] *Wolff*, Verwaltungsrecht I § 51 VI.

[60] *Kormann*, System der rechtsgeschäftlichen Staatsakte S. 161.

[61] *Martens* DVBl 1965, 428 (430 ff.); in dieser Richtung auch *Söhn* S. 67 f.

erlassen *dürfen*. „Ist das nicht der Fall, ergreift die Rechtswidrigkeit der Nebenbestimmung zugleich den Restakt; sonst bleibt dieser gültig"[62].

c) Relativierung der Ansichten

Die konträren Auffassungen erklären sich damit, daß das positive Recht die Folge teilfehlerhafter Verwaltungsakte nicht geregelt hat. Spezialvorschriften, wie § 10 Abs. 2 Satz 2 BBG (= § 5 Abs. 4 BRRG), können keine Allgemeingeltung beanspruchen[63]. Deshalb erscheint der Rückgriff der herrschenden Meinung auf § 139 BGB in der Tat naheliegend.

Es darf aber nicht verkannt werden, daß die subjektiven Momente des § 139 BGB von der zivilistischen Rechtsprechung und Lehre eine starke Verdrängung zugunsten objektiver Kriterien erfahren haben. Von einer absoluten Willensherrschaft der Parteien bei der Entscheidung über totale oder partielle Ungültigkeit eines Rechtsgeschäfts kann nicht mehr gesprochen werden. Schon hier wird deutlich, daß § 139 BGB die „Verwaltungswillenstheorie" nicht voll stützen kann.

Andererseits sind die Fälle (begünstigender) gebundener Verwaltungsakte unter Zugrundelegung des § 139 BGB nicht zu lösen. Die Verbindung eines gebundenen Verwaltungsakts mit einer unzulässigen Bedingung oder Auflage kann der Behörde nicht die Möglichkeit geben, sich auf die Rechtswidrigkeit der Nebenbestimmung zu berufen und die Begünstigung, auf die ein Anspruch besteht, zu entziehen[64]. Hier gilt, daß der abtrennbare rechtswidrige Teil den Verwaltungsakt im übrigen unberührt läßt, weil dieser ohne ihn erlassen werden müßte. Sonst könnte die unbeschränkte Berücksichtigung des behördlichen Willens die Anspruchsdurchsetzung des Bürgers erheblich verzögern[65].

---

[62] *Martens* S. 431.

[63] *Merk*, Verwaltungsrecht I § 32 VIII a 4. Gemäß § 10 Abs. 2 Satz 1 BBG wird die Beamtenernennung mit dem Tag der Aushändigung der Ernennungsurkunde wirksam, wenn nicht in der Urkunde ein späterer Zeitpunkt ausdrücklich bestimmt ist. Dagegen ist die Ernennung auf einen zurückliegenden Zeitpunkt unzulässig und *insoweit* unwirksam (Satz 2). Der Verstoß gegen § 10 Abs. 2 Satz 2 BBG macht demnach nicht die ganze Ernennung, sondern nur den unmittelbar rechtswidrigen Teil unwirksam, vgl. *Ule*, Beamtenrecht Rdnr. 5 zu § 5 BRRG. Es handelt sich um einen gesetzlich angeordneten Fall der Restgültigkeit.

[64] *Eyermann-Fröhler*, VwGO Rdnr. 14 zu Anh. § 42; *Ernst Rudolf Huber*, Wirtschaftsverwaltungsrecht II § 109 I 2 e aa; *Menger*, System des verwaltungsgerichtlichen Rechtsschutzes S. 174; *Merk* S. 876.

[65] In diesem Zusammenhang ist BVerwGE 24, 129 ff. erwähnenswert. Der Anfechtungskläger erhielt eine Bodenverkehrsgenehmigung (§§ 19 ff. BBauG), die mit einem als Auflage bezeichneten Zusatz versehen war. Der IV. Senat betrachtete diese „Auflage" als Bedingung und hielt die bedingte Erteilung von Bodenverkehrsgenehmigungen für unzulässig. Zur Frage, ob die rechtswidrige Bedingung die Konzession im übrigen unberührt ließ, meinte das

Raum für die Anwendung des durch Rechtsfortbildung korrigierten § 139 BGB bietet der Bereich der Ermessensverwaltung. Hat es die Behörde in der Hand, eine Begünstigung zu gewähren, und kombiniert sie den Erlaß des entsprechenden Verwaltungsakts mit einer belastenden, aber rechtswidrigen Nebenbestimmung, so ist es angemessen, ihre Vorstellungen darüber befinden zu lassen, ob der Rest aufrechterhalten wird oder nicht[66]. Daß sie keine unbeschränkte Begünstigung erteilt hat, wird in der Regel als Indiz für den Eintritt totaler Kassation sprechen[67].

Gegen diese Betrachtungsweise wird eingewandt, daß über die Fehlerhaftigkeit von Verwaltungsakten objektive Kriterien entscheiden; es komme nicht auf die Vorstellungen des erlassenden Beamten an, was dazu führe, daß auch bei der Frage nach der Teilaufhebung der Behördenwille nicht ausschlaggebend sein könne. Ein Vergleich mit dem bürgerlichen Recht sei nicht zulässig, weil die willensorientierten Fehlertatbestände der §§ 116 ff. BGB im Verwaltungsrecht nicht gälten[68].

Dieses Argument leidet an einer unvollständigen Aufzählung der Nichtigkeitsgründe des Zivilrechts. Die Ungültigkeit eines Rechtsge-

---

Gericht, in jedem Falle sei die Nebenbestimmung mit dem Gesamtinhalt des Verwaltungsakts untrennbar verflochten, so daß die gesonderte Anfechtung und Aufhebung dieses Teils ausgeschlossen sei (S. 132). Die Aufrechterhaltung der bedingungsfreien Genehmigung scheiterte nach Auffassung des BVerwG an der fehlenden Teilbarkeit. Gegen diese Aussage bestehen jedoch Bedenken, weil objektiv der Verwaltungsakt auch ohne die Nebenbestimmung einen vernünftigen Sinn ergab. Ginge man von der Teilbarkeit aus, hätte man weiter prüfen müssen, ob die in § 20 Abs. 1 BBauG aufgezählten Versagungsgründe vorlagen, wofür der mitgeteilte Sachverhalt spricht. Wäre das nicht der Fall, so hätte der Kläger einen Rechtsanspruch auf Genehmigungserteilung — die Bodenverkehrsgenehmigung ist ein gebundener Verwaltungsakt —, dessen Auswirkung im Prozeß die isolierte Aufhebung der unzulässigen Bedingung wäre. Methodisch ist aber das BVerwG richtig vorgegangen, da es zunächst die Teilbarkeitsfrage gestellt und erst durch die irrigerweise angenommene Unteilbarkeit zur totalen Aufhebung gekommen ist.

[66] Über die materiellrechtliche Behandlung fehlerhafter Nebenbestimmungen zu begünstigenden Verwaltungsakten und ihre Beseitigung im Prozeß besteht keine Übereinstimmung. Vgl. zu diesem Problem BVerwGE 29, 261 (265); 36, 145 (153 f.); OVG Berlin NJW 1964, 1152; VG Bremen NJW 1965, 1196 ff.; *Assfalg* BB 1967, 190 ff.; *Badura* JuS 1964, 103; *Martens* DVBl 1965, 428 ff.; *Roser* BB 1967, 908 f.; *Weyreuther* DVBl 1969 232 ff. und 295 ff. Das BVerwG teilt die Nebenbestimmungen in zwei Gruppen ein und hält die isolierte Anfechtung von Auflagen ohne Rücksicht auf den behördlichen Willen für möglich, während Bedingungen, Befristungen und Widerrufsvorbehalte nicht selbständig anfechtbar sein sollen, so in E 29, 265 (für Bedingungen) und 36, 145 (für Auflagen). Streitig ist allerdings, in welchem Stadium des Prozesses diese Faustregel zur Anwendung kommt: Das BVerwG hält die isolierte Anfechtungsklage gegen eine Bedingung für *unzulässig* (E 29, 265), während nach VG Bremen S. 1196 die Frage, ob der Anfechtungskläger zu Recht die selbständige Aufhebung der Nebenbestimmung verlangt, eine *Begründetheitsfrage* sein soll.

[67] *Walter Jellinek*, Verwaltungsrecht § 11 III 3.

[68] *Martens* S. 431.

schäfts nach §§ 105, 125, 134, 138 BGB folgt aus objektiven Gründen. Das bedeutet jedoch nicht, daß die Teilnichtigkeit ausschließlich nach objektiven Gesichtspunkten gewertet wird. Der „vernünftige" Parteiwille spielt eine wesentliche Rolle[69]. § 139 BGB differenziert nicht nach objektiven und subjektiven Mängeln, sondern greift überall dort ein, wo ein Rechtsgeschäft teilweise nichtig ist.

Die Aussage, die Übertragung des § 139 BGB auf das Verwaltungsrecht bedeute, daß über den Umfang eines Rechtsfehlers der Behördenwille entscheide, womit ein neuer, subjektiver Fehlertatbestand als Fremdkörper in das öffentliche Recht eingeführt werde[70], ist auf den ersten Blick bestechend. Sie stellt aber etwas als Tatbestand dar, was Rechtsfolge ist. Nicht, *ob ein Rechtsverstoß vorliegt*, sondern, *ob der partielle Rechtsverstoß den Bestand des gesamten Akts infragestellt*, hängt vom „vernünftigen" Behördenwillen ab.

4. Ergebnis

Die Behandlung teilfehlerhafter Verwaltungsakte ist nicht einheitlich. Ob ein gebundener Verwaltungsakt, der zum Teil rechtswidrig ist, partiell fortgilt, richtet sich nach objektivem Recht, d. h. ob er ohne den mangelhaften Teil hätte erlassen werden müssen. Ist der Exekutive Ermessen eingeräumt, so befindet ihr „vernünftiger" Wille über die Aufrechterhaltung des rechtlich unbedenklichen Restes in analoger Anwendung des durch Judikatur und Literatur umgebildeten § 139 BGB.

---

[69] Vgl. oben I 3.
[70] Vgl. *Martens* S. 431.

Zweiter Teil

Teilnichtigkeit von Gesetzen und Gesetzesbestimmungen in Rechtsprechung und Lehre

Rechtsnormen, die zu höherrangigem Recht in Widerspruch stehen, sind nichtig; die von ihnen beabsichtigten Rechtsfolgen treten nicht ein. Die Nichtigkeit kann ein Gesetz als Ganzes, einzelne Vorschriften, aber auch den in einem Satz oder Satzteil, Wort oder Wortteil verkörperten Lebenssachverhalt betreffen[1].

Daß ein gesetzgeberisches Werk wegen seines Inhalts in toto gegen das Grundgesetz verstößt, wird eine Ausnahme bleiben[2], während sich der normkontrollierende Richter ständig mit dem Teilnichtigkeitsproblem und seinen Extremlösungen der vorbehaltlosen Gesamtnichtigkeit und der Restgültigkeit konfrontiert sieht. Die Folge ist eine reiche, aber nicht einheitliche Rechtsprechung, welche die Teilnichtigkeitsfrage isoliert für das Verfassungsrecht betrachtet sowie objektive und subjektive Merkmale systemwidrig vermischt. Man hat den Eindruck, daß die fehlende methodische Konzeption in der Vielfalt der jeweils für wünschenswert gehaltenen Ergebnisse ihre Ursache hat. Deshalb wird sich jede kritische Würdigung weniger gegen die konkrete Aufrechterhaltung oder Gesamtverwerfung der gesetzlichen Regelung als primär gegen das systemlose Vorgehen richten, das dem Ausspruch über das Schicksal des partiell verfassungswidrigen Gesetzes vorgelagert ist.

I. Spruchpraxis des Bundesverfassungsgerichts

Das Bundesverfassungsgericht hat sich im Grundsatz für die nur partielle Kassation teilweise verfassungswidriger Gesetze und Gesetzesnormen entschieden[3]. Eine solche Aussage vermag das Problem genauso wenig wie bei § 139 BGB zu lösen. Notwendig ist die Herausbildung exakter Merkmale, die über volle oder teilweise Nichtigkeit befinden.

---

[1] *Leibholz-Rupprecht*, BVerfGG Rdnr. 6 zu § 78.

[2] Umgekehrt ist die Situation bei Zuständigkeits- und Verfahrensmängeln: Hier bildet die Nichtigkeit des ganzen Gesetzes die Regel. Vgl. dazu unten 1 b aa.

[3] BVerfGE 2, 307 (336) und 380 (406); 4, 115 (138) und 387 (397 f.); 5, 25 (34); 8, 71 (79) und 274 (301); 9, 83 (87), 250 (254 f) und 305 (333); 15, 1 (25); 20, 150 (161) und 238 (256 f.); 21, 117 (125); 22, 134 (152); 26, 246 (258).

1. Objektive Kriterien

In dem als maßgeblich geltenden Urteil zu diesem Thema hat das BVerfG zwei Gesichtspunkte für ausschlaggebend erklärt: Totalnichtigkeit soll eintreten, wenn sich aus dem objektiven Sinn des Gesetzes ergibt, daß die übrigen verfassungskonformen Bestimmungen keine selbständige Bedeutung haben; ferner, wenn die nichtige Vorschrift Teil einer Gesamtregelung ist, die ihren Sinn und ihre Rechtfertigung verlieren würde, nähme man einen ihrer Bestandteile heraus, wenn also die verfassungswidrige Norm mit den restlichen Normen so zusammenhängt, daß sie eine untrennbare Einheit bilden, die nicht in ihre einzelnen Bestandteile zerlegt werden kann[4]. In einer Reihe von Entscheidungen wurde diese Formulierung bestätigt[5].

a) Dependenz und Interdependenz

Das BVerfG unterscheidet zwei Fälle der Gesamtnichtigkeit. Der erste umfaßt Gesetze, deren nichtiger Abschnitt ihren Kernbestand bildet, im Ergebnis *das Gesetz* darstellt. Das an sich Gültige setzt die Existenz des Ungültigen voraus, es ist von ihm abhängig. Umgekehrt muß aber nicht das gleiche Abhängigkeitsverhältnis vorliegen. Hätten sich Rechtmäßigkeit und Rechtswidrigkeit anders verteilt, wäre also nur der unselbständige Teil mit der Rechtsordnung unvereinbar, so würde der Gesetzeskern nicht schon aus diesem Grund hinfällig: weil er imstande ist, allein zu gelten. Hier macht nur die Herausnahme des relevanten Abschnitts — jedenfalls — das ganze Gesetz nichtig.

Gesetze der zweiten Gruppe bestehen aus mindestens zwei, voneinander abhängigen, dem Sinn und der Bedeutung nach gleichwertigen Teilen, von denen der eine rechtswidrig ist. Hier tritt Totalnichtigkeit ein, ohne daß es darauf ankommt, welcher Teil der Nichtigkeit verfällt. Die Herausnahme *eines* Bestandteils macht immer den *ganzen* Normkomplex ungültig.

Danach werden die vom BVerfG aufgestellten Gründe der Totalkassation mit den Begriffen „einseitige und gegenseitige Abhängigkeit" erfaßt. Der unbedenkliche Rest des Gesetzes fällt dem Gewicht des ungültigen Abschnitts zum Opfer: Einmal, weil er isoliert betrachtet keine praktikable, selbständige Regelung enthält, zum anderen, weil er isoliert nicht gedacht werden kann.

---

[4] BVerfGE 8, 274 (300 f.).

[5] BVerfGE 9, 83 (87), 250 (254 f.) und 305 (333); 15, 1 (25); 20, 150 (161) und 238 (256 f.); 21, 117 (125); 22, 134 (152); 26, 246 (258).

aa) als Wertungsfragen

Die erste Gruppe (einseitige Abhängigkeit) bedingt die Selbständigkeitsqualifikation. Sie ist eine Wertungsaufgabe, weil der Richter die Restgültigkeit ablehnt, wenn er den rechtmäßigen Teil als „unselbständig" charakterisiert. Wertungsmaßstab ist der objektive Gesetzessinn. An ihm wird die Feststellung orientiert, was als selbständig fortbestehen kann, und nicht an dem, was der Gesetzgeber vielleicht mit dieser Vorstellung in seine Regelung aufgenommen hat.

Die zweite Gruppe (wechselseitige Abhängigkeit) zeichnet sich durch die inhaltliche Verflechtung des gerügten und des rechtskonformen Teils aus. Es handelt sich wieder um eine Wertungsfrage, weil an Hand der objektivbezogenen Hilfsmittel des Sinnes und der Rechtfertigung des Gesetzes geprüft wird, ob es eine untrennbare Einheit bildet, die nicht in ihre einzelnen Bestandteile zerlegt werden kann.

bb) als Teilbarkeitskriterien

Die Gesichtspunkte der einseitigen und gegenseitigen Abhängigkeit haben eine symptomatische Parallele bei der Teilbarkeitsprüfung nach § 139 BGB. Die Aussage über die Zerlegbarkeit hängt von der Selbständigkeit des rechtmäßigen Geschäftsteils ab[6]. Zum anderen ist nicht isolierbar, was mit dem nichtigen Teil in einer nicht aufzulösenden Einheit verbunden ist[7]. In gleicher Weise verschließen die vom BVerfG entwickelten Merkmale der fehlenden Selbständigkeit und der inhaltlichen Verflechtung die Möglichkeit, den Legislativakt auch ohne den kranken Abschnitt noch als sinnvolle Regelung zu bezeichnen. Sie stellen Teilbarkeitskriterien dar und sind in dieser Eigenschaft einer einheitlichen rechtlichen Würdigung zugänglich. Das Gericht hat nicht zwei Gesamtnichtigkeitskomplexe erkannt, sondern nur die beiden Erscheinungsformen des unstreitigen Falls mangelnder Teilbarkeit.

Gemäß dem Prüfungsschema des § 139 BGB fehlt es bei Verneinung der Teilbarkeit am gesetzlichen Tatbestand und damit an einem „echten" Teilnichtigkeitsfall, weil die Alternativen der totalen und partiellen Kassation gar nicht zur Wahl stehen[8]; vielmehr wird die Gesamtverwerfung durch die Unteilbarkeit indiziert. § 139 BGB greift mit seiner Rechtsfolge erst im Rahmen der weiteren Prüfungsstufe ein, wo mit Hilfe des vernünftigen Willens des Erklärungsurhebers die — objektiv mögliche — teilweise Aufrechterhaltung gewonnen oder abgelehnt wird.

---

[6] Vgl. oben Erster Teil I 4 a.

[7] BGH LM Nr. 13 zu § 139 BGB.

[8] *Soergel-Siebert-Hefermehl*, BGB Rdnr. 1 zu § 139.

Die Teilbarkeit ist im Zivilrecht eine Voraussetzung und damit Vorfrage der Teilnichtigkeit, während das BVerfG sie zur Haupt- und Kernfrage erhoben hat.

b) Gesamtnichtigkeit wegen einseitiger Abhängigkeit

Aus der reichen Verfassungsjudikatur wird auf einige Entscheidungen näher eingegangen, in denen das Gericht die von ihm entwickelten Grundsätze angewandt hat.

aa) Dazu bot die gegen das *Ingenieurgesetz*[9] gerichtete Verfassungsbeschwerde Gelegenheit[10]. Nach dem Gesetz durften Personen, welche in der Wirtschaft selbständig oder unselbständig berufstätig waren, die bis dahin nicht geschützte Berufsbezeichnung „Ingenieur" nur führen, wenn sie die Voraussetzungen in §§ 1, 3, 4 oder 7 erfüllten. Das unbefugte Führen des Ingenieurtitels sollte nach § 8 als Ordnungswidrigkeit geahndet werden.

Die verfassungsrechtlichen Bedenken waren kompetenzieller Natur, weil § 1 nicht die Ausübung des Ingenieurberufs regeln, sondern nur die Berufsbezeichnung „Ingenieur" schützen wollte[11]. Das Wirtschaftsrecht aus Art. 74 Nr. 11 GG konnte der Bundesgesetzgeber nicht in Anspruch nehmen, weil als ratio legis weder der Verbraucherschutz noch die rechtliche Fixierung des Berufsbildes „Ingenieur" in Frage kamen[12]. Die Sanktion des § 8 diente nur der Durchsetzung des in §§ 1 ff. normierten Verbots, war somit eine unselbständige Strafrechtsbestimmung und konnte für den Bund keine Zuständigkeit aus Art. 74 Nr. 1 GG (Strafrecht) begründen[13]. Aus dem Grundgesetzverstoß des § 1 ergab sich die Nichtigkeit des ganzen Ingenieurgesetzes, weil diese zentrale Vorschrift den Gesetzeskern bildete[14].

Den Ausführungen des BVerfG in puncto Gesamtnichtigkeit ist zuzustimmen. Eine Teilnichtigkeitserklärung stand nicht zur Diskussion. Die Nichtigkeit wird sich selten auf Stücke eines Gesetzgebungsakts beschränken können, wenn er die Zuständigkeitsordnung verletzt oder nicht im vorgeschriebenen Verfahren zustandegekommen ist[15]. Das Ingenieurgesetz stand und fiel mit seinem § 1, die übrigen Paragraphen waren von ihm abhängig und insoweit nicht teilbar.

---

[9] Vom 7. Juli 1965, BGBl. I S. 601.
[10] BVerfGE 26, 246 ff.
[11] Zum Gesetzeszweck vgl. auch *Folz* NJW 1965, 1422 f.
[12] BVerfG S. 253—256.
[13] BVerfG S. 257 f.
[14] BVerfG S. 258.
[15] *Lechner*, BVerfGG Anm. 2 zu § 78; *Hanswerner Müller* DVBl 1964, 104.

bb) Wegen Nichteinhaltung des rechtsstaatlichen Bestimmtheitsgebots wurden das *Apothekenstoppgesetz*[16] und die betreffenden Änderungs- und Verlängerungsvorschriften[17] im Verfahren der abstrakten Normenkontrolle für nichtig erklärt[18]. Der wörtlich übereinstimmende § 1 der Gesetze verwies bis zum Inkrafttreten einer bundesgesetzlichen Regelung auf die in den einzelnen Ländern geltenden Bestimmungen, ohne für den Rechtsunterworfenen klar erkennen zu lassen, was Rechtens sein sollte[19]. Dabei gehörte das (Länder-)Apothekenrecht zu den unübersichtlichsten Materien. Der unbestimmte und deshalb ungültige § 1 der Apothekengesetze war ihre einzige materiellrechtliche Norm, die weiteren betrafen die Geltung in Berlin und die Außerkraftsetzung, besaßen also keine selbständige Bedeutung, so daß Totalnichtigkeit eintreten mußte.

Auch hier unterliegt die Gesamtnichtigkeit keinen Bedenken. Da die Apothekenstoppgesetze ohne § 1 keine vollständigen, verständlichen abstrakt-generellen Regeln waren, kam eine partielle Wirksamkeit nicht in Betracht. So enthielt dieses Urteil abermals keinen Beitrag zur Behandlung teilnichtiger Gesetze, weil das Ergebnis aus der Unteilbarkeit des Prüfungsgegenstands gewonnen wurde.

cc) § 15 Abs. 2 des *Saarländischen Ausführungsgesetzes* (AG) zur VwGO[20] wurde wegen Bundesrechtswidrigkeit durch den Zweiten Senat des BVerfG im Rahmen eines konkreten Rechtssatzkontrollverfahrens für ungültig erklärt[21]. § 15 Abs. 1 AG sieht die sog. Aufsichtsklage vor, mit welcher der zuständige Minister den Widerspruchsbescheid des Rechtsausschusses wegen Rechtsverletzung einschließlich Ermessensmißbrauchs anficht. Prüfungsgegenstand war nach dem Beschluß des vorlegenden Gerichts § 15 Abs. 2 Satz 1 AG, wonach die Klage gegen den Beteiligten zu richten war, der durch den Widerspruchsbescheid begünstigt wurde. Die Zuweisung der Beklagtenstellung an den durch den Widerspruch Begünstigten (in der Regel den Widerspruchsführer) ging über den in § 78 VwGO beschriebenen Kreis der Passivlegitimierten und über die Regelungsvorbehalte zugunsten des Landgesetzgebers hinaus[22]. Das bedeutete einen Verstoß gegen Art.

---

[16] G. über die vorläufige Regelung der Einrichtung neuer Apotheken vom 13. Januar 1953, BGBl. I S. 9.

[17] Erstes ÄnderungsG vom 4. Juli 1953 (BGBl. I S. 469), Zweites Änderungs-G vom 10. August 1954 (BGBl. I S. 256) und Zweites G. über die vorläufige Regelung der Errichtung neuer Apotheken vom 23. Dezember 1955 (BGBl. I S. 840).

[18] BVerfGE 5, 25 ff.

[19] BVerfG S. 31.

[20] Vom 5. Juli 1960, Amtbl. S. 558.

[21] BVerfGE 20, 238 ff.

[22] BVerfG S. 256; *v. Oertzen* DVBl 1961, 650 (654).

74 Nr. 1 und 72 Abs. 1 GG in Verbindung mit § 78 VwGO und führte zur Nichtigkeit von § 15 Abs. 2 Satz 1 AG. Damit wurde die Ausführungsbestimmung des Satzes 2 gegenstandslos, der den übrigen Beteiligten (in der Regel der Widerspruchsbehörde) die Beigeladenenstellung zuwies. Dieser Teil des § 15 Abs. 2 AG knüpfte sachlich und sprachlich an Satz 1 an und behielt nur mit ihm zusammen einen Sinn.

Die Gesamtnichtigkeit des § 15 Abs. 2 AG ergab sich aus der Abhängigkeit seines Satzes 2 von Satz 1. Bemerkenswert ist, daß das BVerfG die Konsequenz der Nichtigkeitserstreckung bei Satz 2 gezogen hat, obwohl sich die vorgelegte Verfassungsmäßigkeitsfrage (nur) auf § 15 Abs. 2 Satz 1 AG bezog[23]. Zwar ist das BVerfG bei Normenkontrollverfahren nicht ausnahmslos an die Vorlagefrage gebunden, sondern kann gemäß §§ 78 Satz 2, 82 Abs. 1 BVerfGG eine Erweiterung der Nichtigerklärung vornehmen, wenn weitere als die gerügten Normen des gleichen Gesetzes aus denselben Gründen verfassungs- oder bundesrechtswidrig sind[24]. Die Nichtigkeit von 15 Abs. 2 Satz 2 AG hat das BVerfG jedoch nicht aus Rechts-, sondern mehr aus logischen Gründen festgestellt. Möglicherweise kann die Ungültigkeitserstreckung mit der analogen Anwendung des § 78 Satz 2 BVerfGG in Verbindung mit dem Gebot der Rechtsklarheit begründet werden.

c) Gesamtnichtigkeit wegen wechselseitiger Abhängigkeit

Alle drei Entscheidungen des BVerfG hatten gemeinsam, daß der nicht unmittelbar grundgesetzwidrige Teil des Gesetzes bzw. der Gesetzesbestimmung unselbständig war und deshalb das Schicksal des nichtigkeitsbedrohten Abschnitts teilen mußte (einseitige Abhängigkeit). Weniger zahlreich sind die Fälle, wo das BVerfG das Verhältnis der Interdependenz zwischen verfassungsmäßigen und verfassungswidrigen Gesetzesteilen bejaht hat und zur Gesamtnichtigkeit des Gesetzes gekommen ist. Auf Antrag Bayerns hat der Zweite Senat das *Tilgungsgesetz*[25] wegen Verstoßes gegen Art. 120 a. F. GG im Verfahren nach §§ 76 ff. BVerfGG für nichtig erklärt[26]. Es bildete die Grundlage für die Tilgung der Ausgleichsforderung aus der Währungsgesetzgebung und enthielt Vorschriften über die Tilgungsraten und -leistungen. Die Tilgungslast lag bei Bund und Ländern; eine Erstattung von Tilgungsleistungen der Länder durch den Bund war nicht vorgesehen[27].

---

[23] Auf S. 242 des Beschlusses ist der Vorlagebeschluß des VG Saarland abgedruckt.

[24] Zur Erstreckung des Streitgegenstands vgl. unten 5 b.

[25] Vom 14. Juni 1956, BGBl. I S. 507.

[26] BVerfGE 9, 305 ff.

[27] BVerfG S. 309.

Das Gericht hat Art. 120 Abs. 1 a. F. GG als Verbot ausgelegt, durch Bundesgesetze den Ländern Kriegsfolgelasten aufzuerlegen. Die Ausgleichsforderungen stellten wegen des engen Zusammenhangs mit Krieg, Kriegsfinanzierung, Währungsverfall und Währungsreform Kriegsfolgen dar, so daß die Gesetzesnormen, welche die Länder zur Tilgung verpflichteten, mit Art. 120 a. F. GG unvereinbar und deshalb nichtig waren[28]. Die Nichtigkeit erstreckte sich nach Meinung des BVerfG auch auf die Bestimmungen über die vom Bund zu tilgenden Ausgleichsforderungen, weil die nichtigen Vorschriften mit den übrigen so verflochten waren, daß sie eine untrennbare Einheit bildeten, die nicht in ihre einzelnen Bestandteile zerlegt werden konnte. Dem Gesetz kam es darauf an, die Tilgung aller Ausgleichsforderungen zu regeln, während die vom Bund geschuldete Tilgung nur $^1/_6$ der Gesamtsumme betrug. Zum anderen wäre die unterschiedliche Behandlung der Gläubiger des Bundes und derjenigen der Länder wohl willkürlich und damit gleichheitswidrig. So führte der partielle Verstoß gegen Art. 120 a. F. GG zur Ungültigerklärung des ganzen TilgungsG[29].

Gegen das Entscheidungsergebnis bestehen keine Bedenken. Fraglich ist aber, ob die verfassungswidrigen und die verfassungsmäßigen Normen des TilgungsG als eine untrennbare Einheit im Sinne der Unteilbarkeit angesehen werden mußten. Wenn man den rechtmäßigen Teil objektiv wertet, erscheint er als eine sinnvolle Regelung über die vom Bund zu tragenden Ausgleichsforderungen. Was das BVerfG für die Erkenntnis der „untrennbaren Einheit" verwertet hat, liegt außerhalb der normalen Teilbarkeitsprüfung. Der Gesetzeszweck und der eventuelle Gleichheitsverstoß bei Aufrechterhaltung des unbedenklichen Abschnitts sind keine herkömmlichen logischen Teilbarkeitsmerkmale, sondern können nur darüber Auskunft geben, ob der rechtmäßige (und selbständige) Rest auch ohne den rechtswidrigen Teil erlassen worden wäre. Es handelt sich um Überlegungen, die auf einer anderen Prüfungsstufe anzustellen sind, und zwar dort, wo Gesamtnichtigkeit oder Restgültigkeit *zur Wahl* stehen. Das Gericht hat trotz der Aussage über die „untrennbare Einheit" nicht die Unteilbarkeit des TilgungsG festgestellt, sondern daß es ohne den nichtigen Teil nicht erlassen worden wäre.

d) Restgültigkeit

Die Lösung der Teilnichtigkeitsfrage war in den vorangegangenen Fällen eindeutig, weil das BVerfG die Zerlegbarkeit der beanstandeten Gesetze bzw. Gesetzesbestimmungen abgelehnt hatte und deswegen ge-

---

[28] BVerfG S. 322 ff., 331.
[29] BVerfG S. 333.

zwungen war, aus der Unteilbarkeit auf die Gesamtnichtigkeit zu schließen. Komplizierter war die Rechtslage bei der verfassungsrechtlichen Überprüfung des *Preisgesetzes*[30], das u. a. der 5. Senat des Bundesverwaltungsgerichts nach Art. 100 Abs. 1 GG vorgelegt hat[31]. Den Prüfungsgegenstand bildete § 2 PreisG, den das BVerfG mit zwei „Insoweit"-Vorbehalten für grundgesetzkonform erklärt hat[32].

Für den Problemkreis der Teilbarkeit sind interessant die Ausführungen des Gerichts über das Verhältnis des § 2 Abs. 1 PreisG zu den organisatorischen Vorschriften der §§ 4 ff. des Gesetzes[33]. Das Bundesverwaltungsgericht hatte in seinem Vorlagebeschluß die Ansicht vertreten, daß die Preisverwaltung der §§ 4 ff. PreisG eine Form der Mischverwaltung von Bund und Ländern darstelle, die das Grundgesetz nicht zulasse, so daß die Zuständigkeitsverteilung zwischen Bundes- und Landesbehörden im Preisgesetz mit der Kompetenzordnung der Art. 83 ff. GG unvereinbar sei[34]. Solche Bedenken bestanden zwar gegen § 2 Abs. 1 PreisG nicht, jedoch sah das Bundesverwaltungsgericht diese einzige materiell-rechtliche Norm des PreisG und die Kompetenz- und verfahrensrechtliche Vorschriften der §§ 4 ff. als eine Einheit an und kam zu folgender Festellung:

„§ 2 Abs. 1 ist daher ungültig, weil er in sachlichem Zusammenhang mit anderen Vorschriften des Preisgesetzes steht, die wegen Verstoßes gegen die bundesstaatliche Ordnung ungültig sind[35]."

Zur Stützung dieser These verwendete das Bundesverwaltungsgericht ein anderes, ins Gewicht fallendes Argument. Er erschien ihm zweifelhaft, ob der Bundesgesetzgeber den Landesbehörden die weitgehenden Befugnisse des § 2 Abs. 1 PreisG verliehen hätte, ohne gleichzeitig der Bundesverwaltung die Eingriffsmöglichkeiten der §§ 4 ff. vorzubehalten.

„Zweifel in dieser Richtung aber genügen bereits, um die Ungültigkeit auch des § 2 Abs. 1 zu bejahen. Denn nur dann hat die Ungültigkeit eines Teiles eines Gesetzes nicht dessen gesamte Ungültigkeit zur Folge, wenn mit Sicherheit anzunehmen ist, daß die an sich gültigen Vorschriften auch ohne die ungültigen erlassen worden wären. Begründete Zweifel an der Möglichkeit, die gültigen Bestimmungen ohne die ungültigen aufrechtzuerhalten, gehen zu Lasten der Gültigkeit[36]."

---

[30] ÜbergangsG über Preisbildung und -überwachung vom 10. April 1948 (WiGBl. S. 27) in der Fassung des Gesetzes zur Verlängerung der Geltungsdauer des PreisG vom 25. September 1950 (BGBl. S. 681) und der Gesetze zur weiteren Verlängerung der Geltungsdauer des PreisG vom 23. Dezember 1950 (BGBl. S. 824) und vom 29. März 1951 (BGBl. I S. 223).

[31] BVerwGE 4, 24 ff.

[32] BVerfGE 8, 274 ff. (Entscheidungsformel auf S. 276 f.).

[33] BVerfG S. 300—302.

[34] BVerwG S. 29.

[35] BVerwG S. 30.

[36] BVerwG S. 30.

Das BVerfG hat sich dieser Auffassung nicht angeschlossen, ohne auf alle Argumente des Vorlagebeschlusses einzugehen. Es teilte die Meinung des Bundesverwaltungsgerichts nicht, daß eine inhaltliche Verflechtung zwischen § 2 Abs. 1 und §§ 4 ff. PreisG bestehe[37]. Im Gegenteil sollten die organisatorischen Normen der §§ 4 ff. des Gesetzes im Vergleich zu § 2 Abs. 1 von untergeordneter Bedeutung sein. Das PreisG sei keine einheitliche Regelung, die ohne die Zuständigkeits- und Verfahrensvorschriften ihren Sinn verlieren würde. Deshalb könne dahinstehen, ob §§ 4 ff. PreisG gegen Art. 83 ff. GG verstießen.

Selbst wenn das Bundesverwaltungsgericht Unrecht haben sollte, stünde damit nur die Teilbarkeit des PreisG fest. Damit scheint nach der Verfassungsrechtsprechung die Teilnichtigkeitsfrage gelöst zu sein: Wenn Totalungültigkeit bei fehlender Selbständigkeit und inhaltlicher Abhängigkeit der Gesetzesteile eintritt, führt Selbständigkeit und inhaltliche Unabhängigkeit zur partiellen Aufrechterhaltung[38]. Dagegen spricht nicht, daß das BVerfG auf S. 302 ff. § 2 Abs. 1 PreisG isoliert auf seine Grundgesetzmäßigkeit geprüft hat. Als Ermächtigungsgrundlage zum Erlaß von Rechtsverordnungen mußte er noch an Art. 80, Abs. 1 GG gemessen werden. Wäre diese Prüfung nicht notwendig gewesen, so hätte er schon wegen seiner inhaltlichen Unabhängigkeit von §§ 4 ff. PreisG für gültig erklärt werden müssen. Das scheint konsequent, ist aber nicht zwingend. Mit dem Argument des Vorlagebeschlusses, der Gesetzgeber hätte § 2 Abs. 1 ohne die §§ 4 ff. PreisG wahrscheinlich nicht erlassen, hat sich das BVerfG nicht auseinandergesetzt, obwohl das Bundesverwaltungsgericht praktisch für die modifizierte Anwendung des § 139 BGB eingetreten ist.

Das Schweigen des BVerfG ist der Ansatzpunkt zur Kritik. Hätte es auch nur angedeutet, daß es auf den Willen des Gesetzgebers nicht ankommt, so würde Klarheit über seinen Standpunkt zum Aussagewert des § 139 BGB bei Normenkontrollverfahren herrschen. So kann man bloß vermuten, daß die Verfassungsrichter die Teilnichtigkeitsfrage grundsätzlich nicht durch Abstellen auf den Willen des Erklärungsurhebers lösen wollen und das Nichteingehen auf das subjektive Argument des vorlegenden Gerichts als Absage an die entsprechende An-

---

[37] BVerfG S. 301 f.

[38] Die Tendenz des BVerfG, bei Teilbarkeit eines partiell verfassungswidrigen Gesetzes den unbedenklichen Teil für gültig zu erklären, ist in E 14, 56 ff. zum Ausdruck gekommen. Die Vorlagefrage bezog sich auf die §§ 1—70 des baden-württembergischen Gesetzes über die Gemeindegerichtsbarkeit (vom 7. März 1960, GBl. S. 73). Das BVerfG sah zwar in § 11 Abs. 1 Satz 2 des Gesetzes einen Grundgesetzverstoß; dessen Nichtigkeit konnte jedoch keinen Einfluß auf die Gültigkeit des Gesetzes haben, weil es auch ohne diese Norm „praktikabel" blieb (BVerfG S. 72). Es war teilbar und mit Ausnahme des § 11 Abs. 1 Satz 2 gültig. Ähnlich BVerfGE 6, 246 (256 f.).

wendung bürgerlichrechtlicher Prinzipien werten. Den Nachweis, daß die Ansicht des Bundesverwaltungsgerichts unrichtig ist, sind die Karlsruher Richter aber schuldig geblieben.

2. Subjektive Kriterien
(Partieller Verstoß gegen den Gleichheitssatz)

Frühzeitig hat das BVerfG erkannt, daß die objektiven Teilbarkeitsmerkmale zu befriedigenden Ergebnissen verhelfen, wenn das gerügte Gesetz nicht in Abschnitte zerlegbar ist, so daß von der Unteilbarkeit auf die Vollnichtigkeit geschlossen werden kann. Zahlreiche Rechtssatzkontrollfälle, deren Prüfungsgegenstände sich als teilbar und teilweise ungültig herausstellten, wurden nicht nach diesem Schema gelöst, da folgerichtig schon aus diesem Umstand Restwirksamkeit angenommen werden müßte. Das Gericht hat diesen Schritt nicht vollzogen, weil es an den gesetzgeberischen Vorstellungen nicht vorbeigehen konnte. Es hat seinen Ausgangspunkt verlassen und unter Berücksichtigung des tatsächlichen oder mutmaßlichen Willens der Legislativorgane entschieden. Es ging dabei um Einzelnormen, die zum Teil mit Art. 3 GG unvereinbar waren.

Der Gleichheitssatz erschöpft sich als Schranke der gesetzgebenden Gewalt in einem Willkürverbot, dessen äußerste Grenzen nicht überschritten werden dürfen[39]. Die verfassungsgerichtlich wiederholt betonte, weitgehende Gestaltungsfreiheit des Gesetzgebers[40] bei der Realisierung des Art. 3 GG konkretisierte sich hier als willensbezogener Vorbehalt der Schicksalsbestimmung einer teilnichtigen Vorschrift. Die Kollision zwischen objektiven (Teilbarkeit) und subjektiven (Regelungsermessen der Legislative) Gesichtspunkten bei partiellen Normverstößen gegen den Gleichheitssatz zwang das BVerfG, seine allein auf die Teilbarkeit abstellende Meinung zu revidieren[41].

a) Gewaltenteilung und Wille des Gesetzgebers

Die Schwierigkeiten, die für die Nichtigerklärung eines teilweise gleichheitswidrigen Gesetzes durch das normprüfende Gericht ent-

---

[39] St. Rspr. seit BVerfGE 1, 14 (52); zuletzt E 29, 327 (335) und 413 (429 f.); 30, 409 (413); 31, 212 (218) und 314 (353).

[40] BVerfGE 1, 264 (276); 3, 58 (135); 4, 219 (243 f.); 6, 273 (280); 9, 3 (10 f.), 20 (31) und 201 (206); 10, 59 (72 f.); 11, 105 (123) und 245 (253); 12, 326 (333, 337 f.) und 341 (348); 13, 181 (202) und 225 (228); 15, 167 (201 f.); 17, 1 (23), 319 (330), 337 (354) und 381 (388 f.); 18, 121 (124); 23, 12 (28); 25, 371 (400); 26, 116 (138); 27, 1 (10); 28, 206 (214) und 227 (242 f.); 29, 51 (56); 30, 409 (413); 31, 8 (25 f.) und 119 (130).

[41] BVerfGE 4, 219 (250) bis 29, 57 (71).

stehen, sind technischer und materieller Natur. Der Gesetzgeber kann eine Personengruppe ausdrücklich von einer Vergünstigung ausschließen; er kann sich auch damit begnügen, daß er sie nicht in seinen Katalog der Begünstigten einbezieht[42]. Im ersten Fall ist die Zulässigkeit der Ungültigkeitsfeststellung unproblematisch, weil im Entscheidungstenor die Ausschlußbestimmung für nichtig erklärt wird[43]. Dieser Weg ist einmal versperrt, wenn der verfassungswidrige Zustand im legislativen Unterlassen liegt, weil die Vergünstigungserstreckung auf die benachteiligte Gruppe durch einen Teil- oder Gesamtnichtigkeitsausspruch nicht erreichbar ist[44]. Daher bleibt dem BVerfG nur die Möglichkeit, die Nichtberücksichtigung der übergangenen Personengruppe im Gesetz für grundgesetzwidrig zu erklären. Ihre Einbeziehung kann es nicht vornehmen, weil das Sache des Gesetzgebers ist[45].

Andererseits kann eine gesetzestechnisch mögliche Nichtigkeitsfeststellung des einschränkenden Normteils deshalb ausscheiden, weil ein verfassungskonformer Zustand auf verschiedene Weise hergestellt werden kann. Unter Beachtung der weiten Gestaltungsfreiheit des Gesetzgebers bei anspruchsbegründenden Regelungen muß es ihm überlassen bleiben, ob er die Verfassungsmäßigkeit herbeiführt, indem er die betroffene Gruppe in die gesetzliche Vergünstigung aufnimmt, andere Maßstäbe setzt oder die Begünstigung ganz beseitigt[46].

Eine Ausnahme gilt, wenn die besonderen Umstände des Einzelfalls die Erweiterung des Begünstigtenkreises erlauben:

„Das Bundesverfassungsgericht darf eine gegen den allgemeinen Gleichheitssatz verstoßende Regelung aber dann für nichtig erklären, wenn mit Sicherheit anzunehmen ist, daß der Gesetzgeber bei Beachtung des Art. 3 Abs. 1 GG die nach der teilweisen Nichtigerklärung verbleibende Fassung der Norm wählen würde[47]."

Unter diesen scharfen Voraussetzungen hält sich das BVerfG für befugt, den Normanwendungsbereich zu erweitern[48].

In dieser Rechtsprechung wird deutlich, daß das BVerfG bemüht ist, der Gefahr einer Durchbrechung des Gewaltenteilungsprinzips vorzubeugen, wo nicht eindeutig erkennbar ist, ob der Gesetzgeber den unbedenklichen Teil der Vorschrift auch ohne die verfassungswidrige Be-

---

[42] BVerfGE 22, 349 (360).

[43] BVerfGE 6, 273 (274); 22, 163 und 349 (360).

[44] BVerfGE 18, 288 (301); 22, 349 (360). Das Problem des Rechtsschutzes gegen gesetzgeberisches Unterlassen soll hier außer Betracht bleiben, vgl. dazu *Rudolf Schneider* AöR 89 (1964), 24 ff.

[45] BVerfGE 22, 349 (361).

[46] BVerfG S. 361 unter Verweis auf E 11, 50 (60); 12, 151, (166); 17, 210 (216).

[47] BVerfGE 27, 391 (399).

[48] BVerfGE 17, 148 (152 f.); 22, 163 (174 f.) und 349 (361 f.)

stimmung erlassen hätte. Die partielle Aufrechterhaltung ist deshalb nur zulässig, wenn es keinem Zweifel unterliegt, daß das gesetzgebende Organ bei Beachtung des Art. 3 GG die gesetzliche Regelung auf alle nach dem Gleichheitssatz zu berücksichtigenden Gruppen unverändert erstreckt haben würde[49]. Aus dem Grundsatz der Gewaltenteilung folgt das Gebot, die Teilnichtigerklärung an den Vorstellungen des Gesetzgebers als des Erklärungsurhebers zu orientieren. Bezeichnend ist, daß das BVerfG damit bei partiellen Gesetzesverstößen gegen Art. 3 GG die Ansicht des Bundesverwaltungsgerichts[50] zur Teilnichtigkeitsfrage übernommen hat. Nach der Verfassungsjudikatur nehmen partiell gleichheitswidrige Bestimmungen eine Sonderstellung gegenüber sonstigen partiell verfassungswidrigen Vorschriften ein. Bei ersteren hängt die teilweise Aufrechterhaltung von gesetzgeberischen Motiven, bei letzteren von ihrer Teilbarkeit ab.

b) Restgültigkeit

aa) Im Verfahren der konkreten Normenkontrolle ist § 5 Abs. 3 des *württemberg-badischen Gesetzes zur Überführung der bei der politischen Befreiung tätigen Personen in andere Beschäftigungen*[51] zum Teil wegen Verstoßes gegen den allgemeinen Gleichheitssatz für nichtig erklärt worden[52]. Das Gesetz hatte den Zweck, den hauptamtlich bei der politischen Befreiung tätigen Personen Vergünstigungen für ihre zukünftige berufliche Tätigkeit zu gewähren. So erhielten sie nach einer bestimmten Beschäftigungszeit auf Antrag eine „Zusicherung" vom zuständigen Minister (§ 2). Die Angestellten unter den Zusicherungsinhabern sollten nach Ablauf des Dienstverhältnisses nach ihrer Wahl im öffentlichen Landesdienst aufgenommen, in einem Privatunternehmen untergebracht oder zur selbständigen Berufsausübung zugelassen werden (§ 5 Abs. 1). Eine zusätzliche Abfindungsmöglichkeit sah der beanstandete § 5 Abs. 3 vor:

> Der Minister für politische Befreiung kann dem Zusicherungsinhaber an Stelle der in Absatz 1 aufgeführten Möglichkeiten eine Abfindung bewilligen, wenn der Zusicherungsinhaber es beantragt *oder die von ihm getroffene Wahl seine Unterbringung wesentlich erschwert.*

Diese Fassung bekam § 5 Abs. 3 durch ein Änderungsgesetz. Ursprünglich war die Abfindung an die Zustimmung des Betroffenen ge-

---

[49] BVerfGE 4, 219 (250); 8, 28 (37); 22, 349 (359 ff.); 27, 391 (399).

[50] BVerwGE 4, 24 ff. und oben 1 d. Vor allem fällt auf, daß beide Gerichte auch insoweit übereinstimmen, als sie eine Vermutung *gegen* die Teilnichtigkeit statuiert haben. Ist zweifelhaft, ob der Gesetzgeber die restliche Regelung aufrechterhalten hätte, so wird auf Totalnichtigkeit erkannt, BVerfGE 4, 219 (250) und BVerwG S. 30.

[51] Vom 12. März 1951, RegBl. S. 21.

[52] BVerfGE 4, 219 ff.

bunden. An der Gesetzesänderung, durch welche die Abfindungsmodalität bei wesentlicher Erschwerung der gewählten Unterbringung eingeführt wurde, hat das BVerfG Anstoß genommen[53]. Der Gesetzgeber hatte für einen zahlenmäßig übersehbaren Adressatenkreis eine Regelung getroffen und dabei zunächst die Abfindung nur im Einvernehmen mit den Betroffenen vorgesehen. Während des Gesetzesvollzugs, also nach Erledigung mehrerer Tatbestände, hat er durch eine Novelle die restlichen Fälle einer abweichenden Behandlung unterworfen. Zwar ist der Gesetzgeber grundsätzlich frei, Gesetze für die Zukunft zu ändern, hier war er jedoch wegen des kleinen und überschaubaren Personenkreises durch Art. 3 Abs. 1 GG an einer Änderung während der kurzzeitigen Gesetzesabwicklung gehindert[54].

In der Entscheidungsformel wurde die Ungültigkeit des gleichheitswidrigen Satzteils „oder die von ihm getroffene Wahl seine Unterbringung wesentlich erschwert" festgestellt[55]. Angesichts der ursprünglichen, unbedenklichen Fassung des § 5 Abs. 3 konnte das BVerfG mit einiger Sicherheit davon ausgehen, daß der Gesetzgeber den verfassungsmäßigen Teil der geänderten Norm bei Kenntnis der Grundrechtswidrigkeit aufrechterhalten hätte, weil die Änderung in einer Ergänzung bestand und gerade nur diese Ergänzung mit Art. 3 Abs. 1 GG unvereinbar war. Die Teilnichtigkeit hat das BVerfG noch mit der Feststellung abgesichert, daß eine Durchbrechung des Gewaltenteilungsgrundsatzes nicht in Betracht komme[56].

bb) Die Gesamtdeutsche Volkspartei wandte sich im Jahre 1956 mit einer Rechtssatzverfassungsbeschwerde gegen § 49 Nr. 1 a *der Einkommensteuer-Durchführungsverordnung* (EStDV)[57], den das BVerfG zum überwiegenden Teil für nichtig erklärt hat[58]. § 49 Nr. 1 a EStDV diente der Ausführung des § 10 b des Einkommensteuergesetzes[59], wonach gewisse Ausgaben abzugsfähig waren und hatte folgenden Wortlaut:

Ausgaben zur Förderung staatspolitischer Zwecke können nur abgezogen werden, wenn

1. a) sie an eine politische Partei, *auf deren Wahlvorschlag bei der letzten Wahl zum Bundestag oder zur Volksvertretung eines Landes mindestens ein Abgeordneter gewählt worden ist,* oder an eine politische *Partei der dänischen Minderheit* gegeben werden und ...

---

[53] BVerfG S. 244 ff.
[54] BVerfG S. 245 f.
[55] BVerfG S. 220.
[56] BVerfG S. 250.
[57] Vom 21. Dezember 1955, BGBl. I S. 756.
[58] BVerfGE 6, 273 ff.
[59] In der Fassung vom 21. Dezember 1954, BGBl. I S. 441.

Die Beschwerdeführerin hatte keine Mandate im Bundestag oder in einem Landesparlament, so daß Zuwendungen an sie nicht steuerbegünstigt waren. Diese Benachteiligung betrachtete das BVerfG als Verletzung der politischen Chancengleichheit[60]: Die Anknüpfung an ein bestehendes Abgeordnetenmandat stelle sich als willkürlich dar. Durch die Nichtigerklärung des Relativsatzes der angegriffenen Norm wurde die Chancengleichheit wiederhergestellt. Sie umfaßte auch den Vorbehalt zugunsten der dänischen Minderheit, weil dieser als Einschränkungsausnahme durch die Nichtigerklärung der Einschränkung überflüssig wurde[61].

cc) Durch zwei Beschlüsse aus neuester Zeit hat der Erste Senat des BVerfG[62] diese Rechtsprechung fortgeführt. In den Vorlagebeschlüssen wurden § 29 des *Wohngeldgesetzes*[63] und § 316 Abs. 2 Satz 1 der *Reichsabgabenordnung*[64] wegen Verletzung von Art. 3 Abs. 1 GG gerügt. Die Prüfungsgegenstände lauteten folgendermaßen:

§ 29 WohngeldG

Ein Wohngeld wird nicht gewährt, wenn der Antragsberechtigte für sich und für die zu seinem Haushalt rechnenden Familienmitglieder Leistungen nach den Bestimmungen *des Bundessozialhilfegesetzes oder* des Bundesversorgungsgesetzes über die Kriegsopferfürsorge erhält und diese Leistungen dazu bestimmt sind, die Miete oder Belastung für ihre Wohnung ganz oder teilweise aufzubringen.

§ 316 Abs. 2 Satz 1 AO

Wird ein Bevollmächtigter oder Beistand zugezogen, so sind die dadurch entstehenden Kosten nur zu erstatten, soweit sie für Personen, die geschäftsmäßig Hilfe in Steuersachen leisten, im Verfahren vor den Finanzgerichten entstehen.

Im ersten Fall war fraglich, ob § 29 WohngeldG mit Art. 3 Abs. 1 GG vereinbar war, soweit er ein Wohngeld nicht gewährte, wenn der Antragsberechtigte Leistungen nach dem Bundessozialhilfegesetz zur Auf-

---

[60] BVerfG S. 280. Die Enscheidungsfreiheit des Gesetzgebers erfährt eine Einschränkung durch die Verpflichtung, die politischen Parteien gleichzubehandeln.

[61] BVerfG S. 281. Auf S. 281 f. hat das BVerfG Bedenken gegen das Steuervergünstigungsprinzip für Zuwendungen an Parteien gemäß § 10 b EStG angemeldet, auf deren dezidierte Prüfung im vorliegenden Verfassungsbeschwerdeverfahren aber verzichtet. Durch E 8, 51 ff. hat es diese Bedenken bestätigt und § 10 b EStG insgesamt für nichtig erklärt, soweit danach „unmittelbare oder mittelbare Zuwendungen an politische Parteien als Ausgaben zur Förderung staatspolitischer Zwecke bei Ermittlung des steuerpflichtigen Einkommens vom Gesamtbetrag der Einkünfte" abgezogen werden konnten.

[62] Vom 14. November 1969 in E 27, 220 ff. und vom 28. Januar 1970 in E 27, 391 ff.

[63] In der Fassung der Bekanntmachung vom 15. April 1965, BGBl. I S. 177.

[64] In der Fassung des G. zur Änderung von einzelnen Vorschriften der Reichsabgabenordnung und anderer Gesetze vom 11. Juli 1953, BGBl. I S. 511.

bringung der Wohnungsmiete erhielt. Das BVerfG hat mit Rücksicht
darauf, daß Sozialhilfe und Wohnungsgeld verschiedene Zwecke erfüllen, die Auffassung des vorlegenden Gerichts geteilt. Die Sozialhilfe
will dem Empfänger die Führung eines menschenwürdigen Lebens ermöglichen (§ 1 Abs. 2 BSHG), während das WohngeldG dem Wohn-
rauminhaber ein Mindestmaß an Wohnraum wirtschaftlich zu sichern
bezweckt[65]. Der festgestellte Grundrechtsverstoß führte zur teilweisen
Nichtigkeit des § 29 WohngeldG, nämlich soweit die Sozialhilfeempfän-
ger vom Wohngeldbezug ausgeschlossen waren[66].

Im zweiten Fall bildete der Ausschluß der Kostenerstattung für einen
Bevollmächtigten im (behördlichen) Vorverfahren den Stein des An-
stoßes[67]. Die Rechtslage war zum Zeitpunkt der Entscheidung einfach,
weil der Gesetzgeber in § 139 Abs. 3 Satz 3 der Finanzgerichtsordnung[68]
und § 162 Abs. 2 VwGO Gebühren und Auslagen für einen Bevollmächtigten im Vorverfahren erstattungsfähig sein läßt, wenn das Gericht
dessen Zuziehung im Vorverfahren für notwendig erklärt.

Das BVerfG hat die Gleichheitsverletzung nicht darin gesehen, daß
§ 316 Abs. 2 Satz 1 AO die Kostenerstattung anders als § 162 Abs. 2
Satz 2 VwGO regelte, sondern schon darin, daß er den Bürger schlechter
als die Finanzbehörde stellte[69]. Während die Finanzbehörde vom unter-
legenen Einspruchsführer Auslagenerstattung (§§ 312 ff. AO) und eine
Rechtsmittelgebühr (§ 311 AO) verlangen konnte, war dem obsiegenden
Steuerpflichtigen dieser Weg verschlossen. Zur Herstellung der Gleichheit konnte und mußte § 316 Abs. 2 Satz 1 AO insoweit für nichtig erklärt werden, „als er die Kostenerstattung für die Zuziehung eines
Bevollmächtigten oder Beistandes im Vorverfahren auch dann aus-
schloß, wenn die Zuziehung notwendig war"[70]. Zwar konnte hier keine
quantitative Teilnichtigerklärung vorgenommen werden, weil das Gesetz die Kostenerstattung für das Vorverfahren nicht ausdrücklich ver-
weigerte, sondern die Fälle der Auslagenerstattung abschließend auf-
zählte. Das BVerfG konnte aber im Ergebnis die Bestimmung ergänzen,
ohne in Legislativfunktionen einzugreifen, weil mit Sicherheit anzunehmen war, daß der Gesetzgeber bei Beachtung des Art. 3 Abs. 1 GG die
gleiche Ergänzung eingeführt hätte. Seine Vorstellungen sind in diesem
Sinne in § 139 Abs. 3 Satz 3 FGO zum Ausdruck gekommen[71].

---

[65] BVerfG S. 226 ff.
[66] BVerfG S. 230.
[67] BVerfG S. 393.
[68] Die FGO gilt seit dem 1. Januar 1966 und ist an die Stelle der Verfahrens-
regelung in der Reichsabgabenordnung getreten.
[69] BVerfG S. 395 f.
[70] Entscheidungsformel auf S. 391.
[71] BVerfG S. 399.

In allen diesen Entscheidungen hat das BVerfG deutlich dem Willen des Gesetzgebers die Bestimmung über das Schicksal seines teilungültigen Akts vorbehalten und den Zusammenhang zwischen diesem subjektiven Lösungsmerkmal und dem Prinzip der Gewaltenteilung erkannt, ohne jedoch auf das Verhältnis beider Gesichtspunkte einzugehen[72]. Man vermißt auch einen Hinweis auf § 139 BGB, der von demselben Rechtsgedanken — dem Abstellen auf den Willen des Erklärungsurhebers — geprägt ist. Das gemeinsame Merkmal dieser Beschlüsse bildet der Umstand, daß der Gleichheitssatz nur eine Möglichkeit für das Überleben der Vorschriften übrigließ.

3. Feststellung der Verfassungswidrigkeit und Nichtigerklärung

a) Ausgangsfall: BVerfGE 18, 288 ff.

Mit zwei Verfassungsbeschwerden gegen das *Gesetz zur Regelung der Wiedergutmachung nationalsozialistischen Unrechts für Angehörige des öffentlichen Dienstes*[73] (BWGöD) erreichten die Beschwerdeführer, daß die Gleichheitswidrigkeit einzelner Bestimmungen festgestellt wurde. Nach dem BWGöD erhielten die Angehörigen des öffentlichen Dienstes Wiedergutmachung, wenn sie verfolgt und in ihrem Dienst- oder Arbeitsverhältnis oder in ihrer Versorgung geschädigt worden waren. Dazu gehörten auch die Referendare. Keine Wiedergutmachung konnten dagegen Personen beanspruchen, die zwar ihr Hochschulstudium mit einem Examen abgeschlossen hatten, aber aus Verfolgungsgründen nicht mehr in den staatlichen Vorbereitungsdienst aufgenommen wurden[74]. Ihnen blieb lediglich die Möglichkeit, nach dem Bundesentschädigungsgesetz Wiedergutmachung zu verlangen. Durch eine Gesetzesergänzung vom 18. August 1961[75] gewährte das BWGöD diesem Betroffenenkreis einen zeitlich und umfangmäßig beschränkten Unterhaltsbeitrag.

Das BVerfG betrachtete die unterschiedliche Behandlung der aus Verfolgungsgründen entlassenen Referendare einerseits und der geprüften Kandidaten andererseits, die aus Verfolgungsgründen nicht zu Referendaren ernannt wurden, als eine Verletzung des Art. 3 Abs. 1 GG[76]. Es hat aber bewußt den Schritt vermieden, die benachteiligten Personen in die gesetzliche Generalregelung aufzunehmen, weil nicht sicher war, daß der Gesetzgeber bei Kenntnis der Rechtslage „die geprüften Kan-

---

[72] BVerfGE 4, 219 (250); 6, 273 (280); 7, 220 (230) und 391 (399).
[73] Vom 11. Mai 1951, BGBl. I S. 291.
[74] BVerfG S. 290.
[75] BGBl. I S. 1349.
[76] BVerfG S. 296 ff.

didaten in die für entlassene Referendare geltende Regelung einbezogen hätte"[77]. Vielmehr sollte nach diesem Spruch der Gesetzgeber unter Berücksichtigung der verfassungsgerichtlichen Auffassung tätig werden und dem Gleichheitssatz Rechnung tragen[78].

b) Gleichheitsverletzung ohne Nichtigerklärung

Die Rücksicht auf die gesetzgeberische Gestaltungsfreiheit mit ihren verschiedenen Möglichkeiten zur Heilung des Gleichheitsverstosses stellte das BVerfG in vielen Normprüfungs- und Rechtssatzbeschwerdeverfahren[79], deren anspruchsbegründende Vorschriften insoweit mit Art. 3 Abs. 1 GG unvereinbar waren, als sie bestimmte Personengruppen nicht privilegierten (gleichheitswidriges Unterlassen), vor eine schwierige Aufgabe. Die Nichtigerklärung der Bestimmung hätte nicht nur den benachteiligten Personen zu keiner actio verholfen, sondern auch den Begünstigten die Anspruchsgrundlage entzogen[80]. Die Erstreckung der Vorschrift auf die gleichheitswidrig übergangene Gruppe scheiterte aber am Regelungsermessen des Gesetzgebers. Das BVerfG wählte den nach seiner Meinung einzig gangbaren Weg: Es erkannte auf Verfassungswidrigkeit der bisherigen Regelung und verlangte dem Gesetzgeber eine gleichheitskonforme Neuregelung ab.

Mit diesem Ergebnis verließ das Gericht die übliche Tenorierung im Normenkontrollverfahren. Der Prüfungsgegenstand war weder gültig noch nichtig. Es ist nicht das Ziel der vorliegenden Arbeit, die Frage nach der Wirksamkeit verfassungswidriger Gesetze zu stellen[81]. Da aber

---

[77] BVerfG S. 302.

[78] BVerfG S. 302.

[79] BVerfGE 8, 28 (36 ff.); 9, 250 (254 f.); 14, 308 (311 f.); 15, 121 (125 f.); 23, 1 (10 f.) und 242 (254 f.); 25, 101 (110 f.) und 236 (252 ff.); 28, 227 (242 f.) und 324 (362 f.); 29, 57 (70 f.) und 71 (83); 30, 227 (249 f.) und 292 (333); 31, 1 (7).

[80] Aus einer nichtigen Anspruchsgrundlage kann niemand einen Anspruch herleiten, vgl. BVerfGE 22, 349 (360 f.) sowie *Friesenhahn*, Festschrift für Ambrosini I S. 671 (679) und *Pestalozza* AöR 96 (1971), 27 (48).

[81] Die herrschende Meinung sieht verfassungswidrige Gesetze als von dem Zeitpunkt nichtig an, in dem die Normenkollision entsteht (ipso-iure-Nichtigkeit), vgl. BVerfGE 1, 14 (37); *Bettermann* AöR 86 (1961), 129 (158); *Lechner*, BVerfGG Anm. 2 zu § 78; *Sigloch* in *Maunz/Sigloch/Schmidt-Bleibtreu/Klein*, BVerfGG Rdnr. 19 zu § 80. Eine Mindermeinung vertritt die Auffassung, verfassungswidrige Gesetze seien nicht von Anfang an nichtig, sondern vernichtbar, vgl. vor allem *Christoph Böckenförde*, Die sogenannte Nichtigkeit verfassungswidriger Gesetze und *Hans Heinrich Rupp* JuS 1963, 469 ff. Die Diskussion hat durch den während der 5. Legislaturperiode nicht erledigten Regierungsentwurf der Großen Koalition neue Impulse erhalten. Danach sollten die Wirkungen negativer Normenkontrollentscheidungen über öffentlich- oder privatrechtliche Geldleistungspflichten begründende Gesetze unterschiedlich sein, BT-Drucks. V/3816 unter Nr. 12 zu § 79 BVerfGG sowie *Pestalozza* S. 27 ff. und *Weißauer-Hesselberger* DöV 1970, 325 ff. Das inzwi-

die Teilnichtigkeit als minus gegenüber der Vollnichtigkeit eine ihrer Erscheinungsformen bildet, ist eine Auseinandersetzung mit der Ansicht erforderlich, hier habe das BVerfG die Grundgesetzkollision bejaht, die Rechtsfolge der Ungültigkeit aber verneint[82].

c) Unvereinbarkeitsfeststellung als Teilnichtigkeit

Das Vorgehen des BVerfG ist in der Tat verfassungsrechtlich bedenklich, wenn aus der Unvereinbarkeitsfeststellung keine Konsequenzen außer der sanktionsmäßig zweifelhaften Verpflichtung des Gesetzgebers zum Erlaß einer rechtmäßigen Norm gezogen werden[83]. Wirkt sich die Vermeidung der Nichtigerklärung in der Form aus, daß die verfassungswidrige Bestimmung bis zur Neuregelung geltendes Recht bleibt und in vollem Umfang durch Judikative und Exekutive angewandt werden muß[84], so steht das in Widerspruch zur Verfassungsbindung der gesetzgebenden Gewalt (Art. 1 Abs. 3, 20 Abs. 3 GG) und zur Wirkungskraft verfassungsgerichtlicher Entscheidungen (§ 31 Abs. 1 und 2 BVerfGG)[85].

Das BVerfG hat dementsprechend aus der Verfassungswidrigkeitsfeststellung für die gleichheitswidrig benachteiligten Personen konkrete Folgerungen gezogen: Im Rahmen von Verfahren nach Art. 100 Abs. 1 GG hat es ausgeführt, daß die vorlegenden Gerichte die Ausgangsprozesse aussetzen müßten, bis der Gesetzgeber die beanstandete Regelung durch eine verfassungsmäßige ersetzt habe[86]. Die Beschränkung auf die vorlegenden Gerichte ist aber nicht verständlich: Den Entscheidungen des BVerfG kommt Allgemeinverbindlichkeit zu, § 31 Abs. 1 BVerfGG, so daß über die vorlegenden Richter hinaus jedes staatliche Organ dieselbe Pflicht treffen muß. Die Aussage des BVerfG ist so zu verstehen, daß die gleichheitswidrige Norm hinsichtlich der Benach-

---

schen in Kraft getretene 4. Änderungsgesetz zum BVerfGG (vom 21. Dezember 1970, BGBl. I S. 1765) ist im Sinne des Berichts des Rechtsausschusses des Bundestags (BT-Drucks. VI/1471, Bericht der Abgeordneten *Adolf Arndt* und *Dichgans* zu Art. 1 Nr. 15 des Regierungsentwurfs) dem Vorschlag der damaligen Bundesregierung nicht gefolgt und hat den bisherigen Rechtszustand im wesentlichen aufrechterhalten, vgl. *Claus Arndt* DRiZ 1971, 37 (38 f.).

[82] *Flume* DB 1970, 1507; *Friesenhahn* S. 680; *Kleeberg* BB 1970, 964 f.; *Pestalozza* S. 48; *Runge* BB 1970, 957.

[83] Vgl. darüber *Rupp-v. Brünneck* in der Festschrift für Gebhard Müller S. 355 ff.

[84] So ausdrücklich *Kleeberg* S. 965; ähnlich *Flume* S. 1507.

[85] *Schmidt-Bleibtreu* BB 1970, 1172. Jede Unklarheit über die *Bindungswirkung* einer Unvereinbarkeitsdeklaration hat der durch das 4. Änderungsgesetz zum BVerfGG (vom 21. Dezember 1970, BGBl. I S. 1765) neugefaßte § 31 Abs. 2 beseitigt.

[86] BVerfGE 28, 324 (363); 29, 57 (71); 31, 1 (7 f.). Den Ansatzpunkt für diese Lösung findet man schon in E 15, 46 (76 f.); 22, 349 (362 f.).

teiligten — und deshalb teilweise — keine Verbindlichkeit entfaltet und von staatlichen Stellen nicht angewandt werden darf[87]. Während vor der Normenkontrollentscheidung Leistungsanträge der übergangenen Personen abschlägig beschieden und ihre Leistungsklagen abgewiesen wurden, müssen jetzt die Verfahren ausgesetzt werden.

Ein Unterschied zur Nichtigkeit ist darin zu sehen, daß Gerichte und Behörden keine Nichtbeachtungs-, sondern eine Aussetzungspflicht trifft: Einen Teil der normabhängigen Fälle dürfen sie auf Grund der Verfassungswidrigkeit der Vorschrift nicht erledigen; sie sind vielmehr darauf beschränkt, diese bis zum Inkrafttreten der grundgesetzkonformen Regelung auszusetzen.

Das BVerfG hat mit der Annahme einer Aussetzungspflicht nicht verkannt, daß die Ungültigerklärung gesetzgeberischen Unterlassens technisch ausgeschlossen ist[88]. Wenn aber die partielle Unverbindlichkeit, und zwar hinsichtlich der gleichheitswidrig benachteiligten Personen, die Konsequenz des Verfassungsverstoßes ist, erscheint es angemessen, die verfassungsgerichtliche Konstruktion „Feststellung der Verfassungswidrigkeit ohne Nichtigerklärung" als eine wesensgleiche Minusform der Teilnichtigkeit zu bezeichnen und nach ihrer gesetzlichen Grundlage zu fragen.

d) Legalisierung der Unvereinbarkeitsfeststellung durch das 4. Änderungsgesetz zum BVerfGG?

Für die Konstruktion des BVerfG fehlte es bislang an einer gesetzlichen Grundlage. Seit dem Inkrafttreten des 4. Änderungsgesetzes zum Bundesverfassungsgerichtsgesetz[89] betrachtet man §§ 31 Abs. 2 und 79 Abs. 1 BVerfGG als Bestätigung und Übernahme der verfassungsgerichtlichen Ansicht durch den Gesetzgeber[90]. Jedoch zu Unrecht!

Die Vorschriften erhielten folgenden Wortlaut:

§ 31 Abs. 2 BVerfGG

In den Fällen des § 13 Nr. 6, 11, 12 und 14 hat die Entscheidung des Bundesverfassungsgerichts Gesetzeskraft. Das gilt auch in den Fällen des § 13 Nr. 8a, wenn das Bundesverfassungsgericht ein Gesetz als mit dem Grundgesetz ver-

---

[87] *Leibholz-Rupprecht,* Nachtrag zum BVerfGG (1971) Anm. 3 zu § 31. Die grundsätzliche Aussetzungs*befugnis* bejaht *Hoffmann-Riem* in DVBl 1971, 842 (845 ff.).

[88] In dieser Richtung aber BVerfGE 17, 122 (134); kritisch zu dieser Entscheidung *Friesenhahn,* Festschrift für Ambrosini I S. 681 und *Pestalozza* S. 47 Fn. 59.

[89] Vom 21. Dezember 1970, BGBl. I S. 1765.

[90] So für § 31 Abs. 2: *Hoffmann-Riem* S. 842; für § 31 Abs. 2 und § 79 Abs. 1: *Dietlein* DVBl 1971, 125 (129, 130); *Rupprecht* NJW 1971, 169 (170); *Schefold* JuS 1972, 1 (4).

einbar oder unvereinbar oder für nichtig erklärt. Soweit ein Gesetz als mit dem Grundgesetz oder sonstigem Bundesrecht vereinbar oder unvereinbar oder für nichtig erklärt wird, ist die Entscheidungsformel durch den Bundesminister der Justiz im Bundesgesetzblatt zu veröffentlichen. Entsprechendes gilt in den Fällen des § 13 Nr. 12 und 14.

§ 79 Abs. 1 BVerfGG

Gegen ein rechtskräftiges Strafurteil, das auf einer mit dem Grundgesetz für unvereinbar oder nach § 78 für nichtig erklärten Norm beruht..., ist die Wiederaufnahme des Verfahrens nach den Vorschriften der Strafprozeßordnung zulässig.

Die Frage, welche Folge aus der Unvereinbarkeit einer Rechtsnorm mit höherrangigem Recht zu ziehen ist, regelt für die bundesrechtlichen Rechtssatzprüfungsverfahren § 78 Satz 1 BVerfGG[91]:

Kommt das Bundesverfassungsgericht zu der Überzeugung, daß Bundesrecht mit dem Grundgesetz oder Landesrecht mit dem Grundgesetz oder mit sonstigem Bundesrecht unvereinbar ist, so erklärt es das Gesetz für nichtig[92].

Diese Bestimmung enthält keine Ermächtigung, im Falle der Verfassungs- oder Bundesrechtswidrigkeit eines Gesetzes zwischen Ungültigerklärung und Unvereinbarkeitsfeststellung zu wählen, sondern verpflichtet das Gericht, im Entscheidungstenor den Prüfungsgegenstand für nichtig zu erklären. Diese Verpflichtung wurde vom 4. Änderungsgesetz nicht revidiert.

Demgegenüber betreffen §§ 31 und 79 BVerfGG nicht den Inhalt von Normenkontrollentscheidungen. § 31 gibt Aufschluß über die Bindungswirkung verfassungsgerichtlicher Entscheidungen, während § 79 die Auswirkungen von Nichtigkeitserkenntnissen auf Strafurteile (Abs. 1) und sonstige Hoheitsakte (Abs. 2) regelt. Wenn der Gesetzgeber durch die Neufassung der §§ 31 Abs. 2 und 79 Abs. 1 BVerfGG die bloße Unvereinbarkeitsfeststellung als mögliche Folge der Kollision zwischen Prüfungsgegenstand und Prüfungsmaßstab im Rechtssatzkontrollverfahren anzuerkennen beabsichtigte, hätte er § 78 Satz 1 BVerfGG ändern müssen.

Darüber hinaus sind die neugefaßten Bestimmungen nicht eindeutig als Legalisierung der bloßen Unvereinbarkeitsfeststellung zu interpretieren. Was § 79 Abs. 1 n. F. BVerfGG angeht, ergibt sich das aus einem

---

[91] § 78 BVerfGG gilt in den Verfahren der abstrakten und der konkreten Normenkontrolle (§ 82 Abs. 1). Für das Verfassungsbeschwerdeverfahren vgl. § 95 Abs. 3.

[92] Die Neufassung des 2. Halbsatzes von § 78 Satz 1 (früher: „so stellt es in seiner Entscheidung die Nichtigkeit fest") soll nur eine redaktionelle Anpassung an die Sprachregelung des Gesetzes in §§ 78 Satz 2, 95 Abs. 3 Satz 1 darstellen. Der Rechtsausschuß des Bundestags hat hervorgehoben, daß der materielle Inhalt der Bestimmung nicht berührt werden sollte (BT-Drucks. VI/1471 zu Art. 1 Nr. 14).

Hinweis im Bericht des Rechtsausschusses[93]: Daß nunmehr ausdrücklich die Wiederaufnahme eines Strafverfahrens ermöglicht wird, wenn die Verurteilung auf einer Strafnorm beruht, die vom BVerfG nicht für nichtig, sondern als mit dem Grundgesetz für unvereinbar erklärt wurde, diene „nur der Klarstellung". Man hatte dabei das Organstreitverfahren vor Augen, wo das Gericht gemäß § 67 Satz 1 BVerfGG nicht die Ungültigkeit eines Rechtssatzes, sondern nur den Verstoß gegen einen Grundgesetzartikel ausspricht[94].

Die Erwähnung des Organstreits als Beispiel in der amtlichen Begründung läßt keine Rückschlüsse auf die Anerkennung der Unvereinbarkeitsfeststellung ohne Nichtigerklärung im Normenkontrollverfahren zu: Im Organstreit *darf* das BVerfG aus der Erkenntnis der Unvereinbarkeit keine Nichtigkeit folgern, weil es dazu durch § 67 BVerfGG nicht ermächtigt ist[95]; im Normenkontrollverfahren *will* es die Ungültigkeit nicht deklarieren, obwohl es nach § 78 Satz 1 BVerfGG dazu verflichtet ist.

Undurchsichtiger sind dagegen die Vorstellungen, die der Ergänzung von § 31 Abs. 2 BVerfGG zugrunde lagen. Mit ihr sollte berücksichtigt werden, daß es Entscheidungen des BVerfG gibt, „durch die keine Nichtigkeit eines Gesetzes, sondern nur eine Unvereinbarkeit oder Vereinbarkeit des Gesetzes mit dem Grundgesetz oder sonstigem Bundesrecht ausgesprochen wird"[96]. Aber § 31 Abs. 2 n. F. ist redaktionell[97] und inhaltlich mißglückt: Satz 2 könnte zu der Annahme führen, daß die Unvereinbarkeitsfeststellung nur in den Fällen des § 13 Nr. 8 a BVerfGG[98] vorkomme. Sieht man davon ab, so bleibt die eigentliche materielle Erneuerung unklar: Der gleiche Satz 2 stattet auch solche Normenkontrollentscheidungen des BVerfG mit Gesetzeskraft aus, in denen die Unvereinbarkeit eines Rechtssatzes mit höherrangigem Recht deklariert wird. Wenn aber die Feststellung der Unvereinbarkeit — über die Allgemeinverbindlichkeit von § 31 Abs. 1 BVerfGG hinaus — wie eine Ungültigerklärung *Gesetzeskraft* entfaltet, fällt es schwer, die Unterschei-

---

[93] BT-Drucks. VI/1471 zu Art. 1 Nr. 15 a.

[94] Vgl. die Formulierung des Entscheidungstenors in BVerfGE 1, 208 (211 unter I 1.); 20, 119 (120 unter A. und B.); 24, 300 (302 f. unter I. und II.). Die gleichen Probleme bestanden vor der Neufassung des § 79 Abs. 1 BVerfGG für die Bund-Länder-Streitigkeiten, §§ 69, 72 Abs. 2 BVerfGG und *Frowein* DöV 1970, 591 (593).

[95] Nach BVerfGE 20, 119 (129) sind im Organstreitverfahren die Nichtigerklärung eines Gesetzes sowie der darauf gerichtete Antrag *unzulässig*. Zustimmend *Frowein* S. 593.

[96] BT-Drucks. zu Art. 1 Nr. 11.

[97] Insoweit übereinstimmend *Hoffmann-Riem* DVBl 1971, 842 in Fn. 8.

[98] Nach § 13 Nr. 8 a BVerfGG entscheidet das BVerfG über Verfassungsbeschwerden (Art. 93 Abs. 1 Nr. 4 a und 4 b GG).

dung zwischen der Nichtigkeits- und der Unvereinbarkeitsfeststellung aufrechtzuerhalten[99].

e) Verfassungsrechtliche Bedenken
gegen die bloße Unvereinbarkeitsfeststellung

Die Unvereinbarkeitskonstruktion des BVerfG ist nicht zuletzt mit verfassungsrechtlichen Argumenten angreifbar. Mehrere Stimmen in der Literatur vertreten die Ansicht, daß das Grundgesetz durch Art. 1 Abs. 3, 20 Abs. 3 und 100 Abs. 1 als Rechtsfolge der Verfassungswidrigkeit einer Rechtsnorm ihre Nichtigkeit anordne[100]: Die als grundgesetzwidrig erkannte Norm darf von Gerichten und Verwaltungsbehörden nicht angewandt werden.

Diese Auffassung kann vor allem auf das verfassungsrechtlich abgesicherte richterliche Incidentprüfungs- und -verwerfungsrecht[101] verweisen, das ohne die Vorstellung des Anwendungsverbots und damit der Nichtigkeit rechtswidriger Gesetze seinen Sinn verliert[102]. Auch Art. 31 GG geht für das Verhältnis Bundesrecht-Landesrecht unzweifelhaft davon aus, daß bundesrechtswidriges Landesrecht unanwendbar bleibt: Es wird nämlich „gebrochen"[103].

Angesichts dieser Verfassungsrechtslage können sich abweichende Lösungsversuche, dem verfassungswidrigen Gesetz einen zeitlich oder inhaltlich beschränkten Geltungsanspruch zu verschaffen oder zu belassen, jedenfalls weder durch einfaches Gesetz[104] noch durch eine kontinuierliche Judikatur des BVerfG rechtlich durchsetzen.

---

[99] Dagegen behält § 31 Abs. 2 Satz 3 BVerfGG teilweise einen vernünftigen Sinn, wenn man ihn in Zusammenhang mit § 79 Abs. 1 betrachtet: Neben den positiven wie negativen Normprüfungsentscheidungen sind auch die Entscheidungen im Organ- und im Bund-Länder-Streit, welche die *Verfassungswidrigkeit eines Gesetzes* zum Inhalt haben, im Bundesgesetzblatt zu veröffentlichen.

[100] *Adolf Arndt* BB 1960, 993 (994); *Bettermann* ZZP 72 (1959), 32 (40 f.) und Festschrift für Fragistas II S. 47 (55 f.); *Frowein* DöV 1970, 591 (592); *Maurer* ZRP 1969, 100 (102); *Weißauer-Hesselberger* DöV 1970, 325 (328).

[101] Es sei denn, es handelt sich um ein formelles, nachkonstitutionelles Bundesgesetz: Seine Verwerfung ist gemäß Art. 100 Abs. 1 GG dem BVerfG vorbehalten.

[102] Besonders klar *Bettermann* S. 56; vgl. auch *Frowein* S. 592 und *Maurer* S. 101 f.

[103] *Scheuner* BB 1960, 1253 (1255); ausführlich *Frowein* S. 592 f.

[104] *Maurer* S. 102 f.; *Scheuner* S. 1255. *Adolf Arndt* meint sogar, daß nicht einmal der Verfassungsgeber sich von der Nichtigkeit eines verfassungswidrigen Gesetzes lösen kann, S. 994 und 1351 (1352).

f) Regelungsermessen des Gesetzgebers

Wenn das Vorgehen des BVerfG nicht eindeutig von §§ 31 Abs. 2 und 79 Abs. 1 n. F. BVerfGG gedeckt und aus Rücksicht auf Art. 1 Abs. 3, 20 Abs. 3, 31 und 100 Abs. 1 GG schwerwiegenden Bedenken ausgesetzt ist, so bleibt als Rechtfertigung der bloßen Unvereinbarkeitsfeststellung nur die Behauptung des Gerichts übrig, dadurch werde das Regelungsermessen der Legislative bei der Realisierung des Gleichheitssatzes wirksamer als durch eine Nichtigerklärung respektiert[105].

Diese Begründung ist bisher nicht auf Widerspruch gestoßen. Sie trägt aber nicht die Ablehnung der Nichtigerklärung, wie ein Vergleich mit der Verwaltungsgerichtsordnung zeigt: Das Regelungsermessen des Gesetzgebers gebietet ebenso wenig die volle oder teilweise Aufrechterhaltung der gleichheitswidrigen Norm, wie das Verwaltungsermessen die Aufhebung eines ermessensfehlerhaften Verwaltungsakts hindert. Die Anfechtung eines nicht gebundenen Verwaltungsakts führt zu dessen Aufhebung (§ 113 Abs. 1 Satz 1 VwGO), wenn das Gericht Ermessensrechtsfehler der Behörde feststellt (§ 114 VwGO). Auf diese Weise erhält die Verwaltung Gelegenheit, den Sachverhalt neu zu entscheiden, womit dem Gewaltenteilungsprinzip Rechnung getragen wird.

Durch die Verletzung des Art. 3 Abs. 1 GG begeht der Gesetzgeber einen „Ermessensfehler". Wird sein Akt bis zur gleichheitskonformen Gesetzesänderung aufrechterhalten, so ist sein Ermessen insoweit beschränkt, als für die Zeit nach dem Spruch des BVerfG bis zu seinem Tätigwerden das verfassungswidrige Gesetz verbindlich bleibt. Statt einer Lücke, die jede Lösung zuläßt, besteht ein verfassungswidriger Zustand weiter, der aus dem Gesichtspunkt des Vertrauensschutzes einer radikalen Streichung der Begünstigung entgegenstehen könnte[106].

Danach würde die Übertragung der Lösung der Verwaltungsgerichtsordnung (Verwerfung des ermessensfehlerhaften Akts) auf gleichheitswidrige Gesetze der Gestaltungsfreiheit des Gesetzgebers am besten entsprechen. Daß sie trotzdem nicht befürwortet wird, hängt mit den Auswirkungen der Nichtigerklärung zusammen: Die Streichung der Anspruchsgrundlage würde die Gleichheit in der Form wiederherstellen, daß niemand in den Genuß der gesetzlichen Gewährung kommt. Die Benachteiligten hätten nur erreicht, daß allen Personen die Leistung entzogen, aber nicht, daß die Begünstigung auch auf sie erstreckt wird. Sind aber die Folgen der Nichtigkeit der Grund, weshalb sie ver-

---

[105] So die Grundsatzentscheidung BVerfGE 22, 349 (362 f.); vgl. auch *Rupp-v. Brünneck* in der Festschrift für Gebhard Müller S. 355 (368).

[106] Ähnlich für das Verhältnis der verfassungskonformen Auslegung zur Nichtigerklärung *Hesse*, Grundzüge § 2 IV 2 a.

mieden wird, liegt also die Ursache in der Wirkung, dann müssen die rechtlichen Folgen bloßer Feststellung der Verfassungswidrigkeit erheblich gerechter und billiger als bei der Nichtigkeitsfeststellung sein, damit sich die Ausnahme vom Grundsatz „Verfassungswidrigkeit führt zur Nichtigkeit" rechtfertigen und durchsetzen kann. Ob wesentliche Unterschiede vorliegen, soll eine Gegenüberstellung der möglichen Rechtsfolgen bei Nichtigerklärung und bloßer Deklaration der Unvereinbarkeit zeigen.

g) Unterschiede der Unvereinbarkeitsfeststellung gegenüber der Nichtigerklärung

Die Untersuchung erstreckt sich auf die Rechtslage *bis* zu und die Rechtslage *nach* der Entscheidung des Normenkontrollorgans. Zunächst ist auf die Rechtsstellung derjenigen Personen einzugehen, die unter Verstoß gegen Art. 3 Abs. 1 GG benachteiligt wurden: ob sie nach der Normprüfungsentscheidung eine günstigere Rechtsposition einnehmen. Weiter muß geklärt werden, ob die Personen, welche die Leistung berechtigterweise erhalten haben, nach dem gerichtlichen Erkenntnis Rückforderungsansprüchen der öffentlichen Hand ausgesetzt sind. Schließlich ist zu prüfen, ob der gesetzlich angesprochene Begünstigtenkreis nach der Feststellung der Gleichheitsverletzung und bis zur gesetzlichen Neuregelung anspruchsberechtigt bleibt.

aa) Für die Benachteiligten

Wenn das verfassungswidrige Gesetz für nichtig deklariert wird, müssen Leistungsanträge der gleichheitswidrig benachteiligten Personen von der Exekutive abschlägig beschieden und ihre Leistungsklagen von den Gerichten als unbegründet abgewiesen werden. Die Ablehnung der Anträge durch die Verwaltung entfaltet keine „Rechtskraft" in dem Sinne, daß die Leistung nicht erneut beantragt werden darf. Dagegen kommt den richterlichen Abweisungsurteilen Rechtskraft zu: Sie stellen fest, daß den Leistungsklägern ein Anspruch nicht zusteht[107].

Wird demgegenüber die Unvereinbarkeit der Leistungsnorm mit dem Grundgesetz festgestellt, so sollen die Anträge und die Klagen der Benachteiligten bis zur verfassungskonformen Neuregelung ausgesetzt werden[108]. Darin liegt kein wesentlicher Unterschied zur Nichtigerklärung. Mit der Ablehnung ihrer Anträge und der Abweisung ihrer Kla-

---

[107] *Blomeyer*, Zivilprozeßrecht § 89 II 3 a.
[108] Vgl. oben 3 c.

gen werden die Benachteiligten nicht härter getroffen als mit deren
Aussetzung: Die Leistung erhalten sie nämlich in beiden Fällen nicht.
Für ihr eigentliches Begehren, die Teilnahme an der Begünstigung, ist
vielmehr ein (verfassungsmäßiges) Gesetz erforderlich, das weder durch
die Ablehnung noch durch die Aussetzung der Anträge in irgendeiner
Form präjudiziert wird. Die rechtskräftigen Klagabweisungen verlieren durch die Gesetzesänderung ihre Grundlage und stehen der Zu-
erkennung der Leistung pro futuro nicht entgegen[109]. Aber auch für die
Vergangenheit kann der Gesetzgeber die Rechtskraft überspielen, indem er mit seiner neuen Regelung der benachteiligten Gruppe rückwirkend die Leistung gewährt[110].

bb) Für die Begünstigten bis zur Normenkontrollentscheidung

Rückforderungsansprüche gegen Personen, welche die Leistung bezogen haben, kommen nur bei der Ungültigerklärung der begünstigenden, aber gleichheitswidrigen Bestimmung in Betracht. Mit der Nichtigkeitsfeststellung verlieren die auf die Norm gestützten Akte ihre
Rechtsgrundlage, während die bloße Feststellung der Unvereinbarkeit
gerade nicht die Streichung der Vorschrift zur Folge haben soll.

Dieses Problem tritt aber nicht speziell bei leistungsgewährenden
Rechtssätzen auf, sondern gehört zur allgemeinen Frage, wie sich die
Nichtigerklärung auf die normabhängigen Staatsakte auswirkt. Der
einschlägige § 79 Abs. 2 BVerfGG besagt, daß die nicht mehr anfecht-
baren Entscheidungen, die auf einer für nichtig erklärten Gesetzesbestimmung beruhen, bestehen bleiben. Daß damit gerichtliche Erkenntnisse *und* Verwaltungsakte gemeint sind, hat das BVerfG ausdrücklich
bestätigt[111]. So sind Rückforderungsansprüche sowohl bei der bloßen
Verfassungswidrigkeitsfeststellung als auch bei der Nichtigerklärung

---

[109] *Blomeyer*, Zivilprozeßrecht § 90 I; *Zeuner*, Die objektiven Grenzen der
Rechtskraft S. 35: „Denn nur soweit es um eine Veränderung der Grundlagen
geht, auf denen die Vorentscheidung beruht, muß ein von dieser abweichen-
des neues Urteil ermöglicht werden."

[110] In der Aussetzung aller Verfahren nach der bloßen Unvereinbarkeitsfeststellung sah das BVerfG einen Vorteil gegenüber der Rechtskraft abwei-
sender Leistungsurteile, so in E 15, 46 (76); 22, 349 (362). Überwiegend wird
nämlich die Ansicht vertreten, daß eine rückwirkende Gesetzesänderung
grundsätzlich die Rechtskraftwirkung früherer Urteile unberührt läßt, vgl.
RGZ 46, 65 (67); 147, 385 (389 f.); BGH LM Nr. 10 zu § 322 ZPO; *Schumann/
Leipold* in *Stein-Jonas*, ZPO Anm. X 7 zu § 322. Etwas anderes gilt, wenn das
Gesetz ausdrücklich die Rechtskraftwirkung beseitigt. Die ausdrückliche Erwähnung hält man allerdings überall dort für entbehrlich, wo — wie hier —
durch die rückwirkende Gesetzesänderung eine verfassungswidrige Rechtslage bereinigt werden soll, *Schumann/Leipold* Fn. 233 und *Schumann* AöR 88
(1963), 331 (343).

[111] BVerfGE 20, 230 (235); vgl. auch *Friesenhahn*, Die Verfassungsgerichtsbarkeit in der BRD S. 59.

der Leistungsnorm ausgeschlossen. Für diese Fälle ist die Konstruktion „Feststellung des Grundgesetzverstoßes ohne Ungültigkeitsausspruch" also entbehrlich.

cc) Für die Begünstigten nach der Normenkontrollentscheidung

Die Feststellung der Unvereinbarkeit kann sich aber auf die Rechtsstellung der begünstigten Personen *nach* der Normenkontrollentscheidung anders als die Nichtigerklärung auswirken. Sie wollen die gesetzlich gewährte Leistung weiter beziehen und werden darauf hinweisen, daß das Prüfungsorgan gerade die Ungültigkeitsdeklaration vermieden hat. Andererseits lag der Verfassungsverstoß nicht in *ihrer* Begünstigung, sondern darin, daß ein Teil der Nichtberechtigten ohne sachlichen Grund von der Begünstigung ausgeschlossen wurde. Mit dieser Begründung könnte die These gestützt werden, daß für die Berechtigten die bloße Feststellung der Gleichheitsverletzung keine Änderung ihrer Rechtsstellung herbeiführe, während die Nichtigkeitsdeklaration ihnen für die Zukunft — mindestens bis zur gesetzlichen Neuregelung — die Anspruchsgrundlage entziehen würde.

Diese These begegnet aber Bedenken: Wenn aus dem Gleichheitsverstoß für die Berechtigten keine nachteiligen Konsequenzen gezogen werden, widerspricht das dem Grundsatz, daß ein verfassungswidriges Gesetz nicht angewandt werden darf. Denkt man an den Fall, daß die Leistungsnorm aus formellen Gründen mit dem Grundgesetz unvereinbar ist, weil es z. B. an der erforderlichen Zustimmung des Bundesrats fehlt, so besteht kein Zweifel, daß die Anspruchsgrundlage ungültig ist[112] und die Begünstigten die Leistung nicht erhalten. Warum soll etwas anderes gelten, wenn die Leistungsnorm grundgesetzkonform zustande gekommen ist, aber das Grundrecht aus Art. 3 Abs. 1 GG verletzt? Daß der Verstoß gegen den allgemeinen Gleichheitssatz nicht schon in der Begünstigung selbst, sondern in ihrer ungleichen Verteilung liegt, hängt mit der Rechtsnatur des Art. 3 Abs. 1 GG zusammen: Als Prüfungsmaßstab für einen Rechtssatz setzt er immer ein Vergleichs*paar* voraus, mindestens zwei Gruppen, welche durch die Legislative zu Recht oder zu Unrecht gleich oder ungleich behandelt werden. Er ist verletzt, wenn im Gesetz eine bestimmte Personengruppe gegenüber einer anderen vergleichbaren Personengruppe willkürlich bevorzugt oder benachteiligt wird.

Durch die Fortsetzung der Zahlung an die Begünstigten entsteht ferner die Gefahr einer Schrumpfung des gesetzgeberischen Ermessens. Daß die Berechtigten trotz Verfassungswidrigkeit der Leistungsnorm

---

[112] Art. 78 GG und *Maunz* in *Maunz-Dürig-Herzog*, GG Rdnr. 2 zu Art. 78.

ihren Anspruch behalten, muß vom Gesetzgeber bei seiner Neuregelung berücksichtigt werden. Fraglich ist, ob er angesichts dieser Tatsache die Leistung in vollem Umfang streichen darf und noch fraglicher, ob er ihre Erstattung für die Zeit nach der Rechtssatzkontrollentscheidung anordnen darf. Es mag zweifelhaft erscheinen, daß die Kraft des Faktischen eine normative[113] ist, jedenfalls bedeutet die Weiterzahlung trotz Feststellung der Gleichheitswidrigkeit als Faktum für den Gesetzgeber eine „Kraft" im Sinne einer Ermessensbeschränkung. Denn der Staat handelt widerspruchsvoll, wenn er nach der Verfassungswidrigkeitsfeststellung den status quo aufrechterhält und später mittels eines neuen Gesetzes den Anspruch in toto beseitigt. Die Aufrechterhaltung des status quo setzt dem Legislativermessen von Rechts wegen Grenzen, welche über die durch das Grundgesetz vorgeschriebenen hinausgehen.

Zusätzliche Schwierigkeiten ergeben sich bei der haushaltsmäßigen Behandlung der Leistung nach der Normenkontrollentscheidung. Der Grundsatz der Vollständigkeit des Budgets[114] (Art. 110 Abs. 1 GG) gebietet, daß die gleichheitswidrige Leistung bis zur Neuregelung in jede Regierungsvorlage über den Haushalt als Ausgabe eingesetzt und vom Parlament in Kenntnis der Verfassungswidrigkeit im Haushaltsgesetz verabschiedet werden muß (Art. 110 Abs. 2 Satz 1 GG)!

Die Fortsetzung der Zahlung an die Begünstigten ist auch rechtspolitisch nicht wünschenswert. Denn die durch das Rechtssatzprüfungsurteil geschaffene problematische Verfassungslage soll der Gesetzgeber mit seiner neuen Regelung bereinigen[115]. Wenn trotz der Unvereinbarkeitsfeststellung „alles beim alten bleibt", wird auf das Legislativorgan kein nennenswerter Druck zum Tätigwerden ausgeübt: Die Berechtigten erhalten die Leistung weiter, die unter Verstoß gegen den Gleichheitssatz benachteiligten Personen sind wegen der Aussetzung ihrer Verfahren guter Hoffnung. Zudem fällt erfahrungsgemäß die zweite Gruppe gegenüber der ersten zahlenmäßig nicht ins Gewicht: Die Nichtberücksichtigung der Benachteiligten im verfassungswidrigen Gesetz beruht

---

[113] Die Theorie über die „normative Kraft des Faktischen" geht auf *Georg Jellinek*, Allg. Staatslehre S. 337 ff., zurück. S. 339 f.: „Weil das Faktische überall die psychologische Tendenz hat, sich in Geltendes umzusetzen, so erzeugt es im ganzen Umfange des Rechtssystems die Voraussetzung, daß der gegebene soziale Zustand der zu Recht bestehende sei, so daß jeder, der eine Veränderung in diesem Zustand herbeiführen will, sein besseres Recht zu beweisen hat." Jedoch war und ist die normative Qualität des Faktischen umstritten, vgl. z. B. *Ermacora*, Allg. Staatslehre S. 996 f.

[114] Darüber vgl. *Hamann* in *Hamann/Lenz*, GG Anm. B 1 zu Art. 110; *Klein* in *Schmidt-Bleibtreu/Klein*, GG Rdnr. 12 zu Art. 110; *Patzig* VerwArch 58 (1967), 1 (6). *Maunz* Rdnr. 16 zu Art. 110 spricht vom „Grundsatz der Veranschlagungspflicht".

[115] BVerfGE 22, 349 (362 f.).

in vielen Fällen auf Unachtsamkeit. Dagegen wird der Gesetzgeber umso stärker unter Druck gesetzt, wenn die Verletzung von Art. 3 Abs. 1 GG die Nichtigkeit der Regelung zur Folge hat und niemand in den Genuß der Leistung kommt: Er wird sich möglichst schnell um eine grundrechtskonforme Entscheidung bemühen.

Aus diesen Überlegungen folgt, daß die Feststellung der Unvereinbarkeit die Rechtsstellung der begünstigten Personen zu ihrem Nachteil ändern muß. Es bleibt aber dem Gesetzgeber unbenommen, in seinem neuen Gesetz für die Zeit nach der Nichtigerklärung etwaige Härten auszugleichen: Er kann z. B. die Begünstigung allgemein oder für bestimmte Fälle rückwirkend bestätigen.

h) Ergebnis: Vollnichtigkeit

Die Konstruktion des BVerfG „Feststellung der Unvereinbarkeit ohne Nichtigkeitsdeklaration" ist abzulehnen[116]. Für sie fehlt es an einer fundierten dogmatischen Begründung, an einer einwandfreien gesetzlichen Grundlage, aber auch an einem hinreichenden praktischen Bedürfnis. Es ist am herkömmlichen Grundsatz festzuhalten, daß jedes mit höherrangigem Recht unvereinbare Gesetz vollnichtig und vom Rechtssatzprüfungsorgan für vollnichtig zu erklären ist.

4. Sonderfälle

a) In E 2, 380 ff. hat der Erste Senat des BVerfG das *Gesetz über das Beanstandungsrecht in Haftentschädigungssachen von Nordrhein-Westfalen*[117] für nichtig erklärt. Das nach Art. 100 Abs. 1 GG zur Prüfung vorgelegte Gesetz stellte eine Ergänzung zum Landesgesetz über die Entschädigung für Freiheitsentziehung aus politischen, rassischen und

---

[116] Den Beweis für die Gefahr seines Vorgehens hat das BVerfG selbst erbracht: Im Urteil über die Bundesrechtmäßigkeit des hessischen Richterbesoldungsgesetzes (vom 4. März 1970, GVBl. I S. 201) hat der Zweite Senat die Feststellung der Unvereinbarkeit einiger Vorschriften mit Bundesrecht ihrer Nichtigerklärung vorgezogen (E 32, 199 f.), obwohl Prüfungsmaßstab dieses abstrakten Normenkontrollverfahrens *nicht* Art. 3 Abs. 1 GG, sondern einfaches Bundesrecht war. Das Urteil erweckt den Eindruck, daß sich die Unvereinbarkeitsdeklaration nicht mehr auf Gleichheitsverletzungen beschränken soll.
Sehr bedenklich ist die Auffassung des Gerichts, § 12 des Landesgesetzes sei zwar mit dem Bundesbesoldungsgesetz unvereinbar, er könne gleichwohl nicht für nichtig erklärt werden, weil sonst keine eindeutige Rechtsgrundlage für die Besoldung einer bestimmten Beamtengruppe (der Staatsanwälte) bestünde (S. 217 f.). Hier soll aus Billigkeitserwägungen entgegen Art. 31 GG bundesrechtswidriges Landesrecht fortgelten. Diese Auffassung ist darüber hinaus unrichtig, weil bei Nichtigkeit des zu prüfenden Gesetzes die alte Besoldungsregelung **weitergilt**.
[117] Vom 3. August 1951, GVBl. S. 105.

religiösen Gründen während der nationalsozialistischen Zeit[118] dar. Nach dem HaftentschädigungsG und der dazu ergangenen Ersten Durchführungsverordnung[119] wurde über die Entschädigung in einem gerichtsähnlichen Verwaltungsverfahren vor den Haftentschädigungsausschüssen und -kammern durch feststellenden Verwaltungsakt[120] entschieden, der nach Ablauf der Rechtsmittelfristen mit einer „Rechtskraftbescheinigung" zu versehen war. Das BeanstandungsG ermächtigte nun den Innenminister, die rechtskraftbescheinigten Beschlüsse der Haftentschädigungskammer erneut nachprüfen zu lassen (§ 1 Abs. 1 des G.).

Das BVerfG maß den feststellenden Verwaltungsakten nach dem HaftentschädigungsG eine streitentscheidende Eigenschaft bei, die der materiellen Rechtskraft gerichtlicher Entscheidungen wesensverwandt sei[121]. Im Gegensatz dazu enthielt das BeanstandungsG Wiederaufnahmegründe, deren Kreis über die des Prozeßrechts hinausging, indem dem Innenminister die Wiederaufnahme auch wegen einer Wandlung der Rechtsauffassung möglich war. Die Erweiterung der Wiederaufnahmegründe nach § 1 Abs. 1 BeanstandungsG hielt das BVerfG mit dem Prinzip der Rechtssicherheit und damit der Rechtsstaatlichkeit für unvereinbar und nichtig[122].

Weiter hat das Gericht die Frage aufgeworfen, ob § 1 Abs. 1 nicht für den verfassungsrechtlich zulässigen Teil der Wiederaufnahmegründe aufrechterhalten werden könne. Es sah sich technisch dazu außerstande, weil § 1 Abs. 1 alle Wiederaufnahmegründe generalklauselartig umfaßte und nicht die Aufzählungsform des § 580 ZPO übernommen hatte[123]. Die partielle Nichtigerklärung würde zu einer Neuformulierung, also zu einem Rechtsetzungsakt führen. Überdies erschien sehr zweifelhaft, ob der Gesetzgeber den unbedenklichen Abschnitt des BeanstandungsG mit der von ihm gewählten Sonderfrist von 1 Jahr erlassen hätte oder nicht vielmehr die Fristen des § 585 ZPO (Notfrist von 1 Monat seit Kenntnis des Wiederaufnahmegrundes, Ausschlußfrist von

---

[118] Vom 11. Februar 1949, GVBl. S. 63.

[119] Vom 12. Mai 1949, GVBl. S. 97.

[120] BVerfG S. 391.

[121] BVerfG S. 394 u. a. in Übereinstimmung mit *Walter Jellinek*, Verwaltungsrecht § 11 IV 3 a (S. 281).

[122] BVerfG S. 405.

[123] BVerfG S. 405 f. *§ 1 Abs. 1* hatte folgenden Wortlaut: Der Innenminister wird ermächtigt, Beschlüsse in Haftentschädigungssachen . . . innerhalb eines Jahres seit Inkrafttreten dieses Gesetzes zu beanstanden, wenn sie nach seiner pflichtgemäßen Überzeugung zu Unrecht eine Haftentschädigungssumme festgesetzt oder versagt haben. Diese Befugnis soll insbesondere dann ausgeübt werden, wenn der Beschluß durch unrichtige Angaben oder Beweismittel herbeigeführt worden ist oder die Rechtsanwendung zu schwerwiegenden Bedenken Anlaß gibt.

5 Jahren) gewählt hätte. Schließlich ergab sich aus der Nichtigkeit des § 1 Abs. 1 die Ungültigkeit des ganzen BeanstandungsG, weil die übrigen Normen Ausnahmen zu § 1 Abs. 1 waren bzw. das Wiederaufnahmeverfahren regelten und deshalb im Verhältnis zu ihm keine selbständige Bedeutung besaßen[124].

In dieser Entscheidung trifft man sämtliche Gesichtspunkte, die für die Lösung des Teilnichtigkeitsproblems entwickelt worden sind. Die Herausnahme des § 1 Abs. 1 nahm den restlichen, ihm untergeordneten Vorschriften jede Durchführungsfähigkeit. Das BeanstandungsG war — solange der Verfassungswidrigkeitsmakel § 1 Abs. 1 betraf — nicht teilbar und somit vollnichtig. Die Gesamtnichtigkeit des § 1 Abs. 1 ergab sich wiederum aus dem Gewaltenteilungsgrundsatz in Verbindung mit den aufgeworfenen Zweifeln, ob der Gesetzgeber das BeanstandungsG ohne den unmittelbar grundgesetzwidrigen Teil im übrigen unverändert beschlossen hätte. Das BVerfG hat vor allem den Zusammenhang zwischen dem Prinzip der Gewaltenteilung und dem mutmaßlichen Willen des Gesetzgebers bei der Frage nach der partiellen Aufrechterhaltung hergestellt[125]. Das ist umso wichtiger, als das BeanstandungsG nicht gleichheitswidrig war, sondern die Rechtsstaatlichkeit verletzte. Das BVerfG hat entgegen seinen Ausführungen in E 8, 274 (300 ff.)[126] hier subjektive Merkmale herangezogen. Trotzdem kann der Beschluß nicht als Revision der Ansicht, für die Frage der Teilnichtigkeit seien objektive (Teilbarkeits-)Gesichtspunkte ausschlaggebend, gewertet werden, weil er methodisch eine Ausnahme bildet und zeitlich vor der Grundsatzentscheidung zum Preisgesetz liegt.

b) Eine Verbindung von objektiven und subjektiven Kriterien stellte die erste Entscheidung[127] zum *württemberg-badischen Gesetz über die Friedensgerichtsbarkeit*[128] her. § 1 beschrieb den Instanzenzug, §§ 2 und 3 enthielten Bestimmungen über die Besetzung der Gerichte. In §§ 4 ff. wurden abschließend die Zuständigkeit der Friedensgerichte, in § 9 ihr Verhältnis zu den ordentlichen Gerichten und in § 11 die Rechtsmittel geregelt. Nach § 12 waren die Friedensrichter unabhängig und nur dem Gesetz unterworfen.

Das BVerfG betrachtete § 2 Abs. 1 und Abs. 2 Satz 1 wegen der personellen Bindung der Gemeindefriedensrichter an die Kommunalverwaltung als unvereinbar mit dem Gewaltenteilungsgrundsatz[129]. Ver-

---

[124] BVerfG S. 406.
[125] BVerfG S. 406.
[126] Vgl. dazu oben 1 d.
[127] BVerfGE 10, 200 ff.
[128] Vom 29. März 1949, RegBl. S. 47.
[129] BVerfG S. 216 ff.

fassungswidrig war, daß der Bürgermeister kraft Amtes den Vorsitz im kollegialen Friedensgericht führte und das Amt des Einzelfriedensrichters ausüben konnte; ferner, daß nach den gesetzgeberischen Intentionen Einzelfriedensrichter nur ein Gemeindebeamter sein durfte, der regelmäßig in der Exekutive weiter tätig blieb[130].

Angesichts der großen Bedeutung der Gemeindefriedensgerichte für die Friedensgerichtsbarkeit mußte das ganze Gesetz für nichtig erklärt werden[131]. Zwar erschien es nicht unmöglich, den Abschnitt über die außerkommunalen Friedengerichte (staatliches Friedensgericht beim Amtsgericht und Friedensobergericht) als selbständigen Teil aufrechtzuerhalten, so daß von einer Teilbarkeit ausgegangen werden konnte[132]. Die Verfassungsrichter haben jedoch eine partielle Nichtigerklärung abgelehnt:

„Eine solche teilweise Aufrechterhaltung des Gesetzes würde nicht nur die innere Ausgewogenheit des Systems der Friedensgerichtsbarkeit stören, das der Gesetzgeber verwirklichen wollte; sie würde dieses System vielmehr so verändern, daß geradezu von einer Verfälschung der gesetzgeberischen Idee gesprochen werden müßte[133].“

Hier ist das BVerfG nach § 139 BGB vorgegangen, indem es objektive und subjektive Gesichtspunkte kombiniert hat. Aus der (zweifelhaften, aber bejahten) Teilbarkeit hat es nicht auf die Restgültigkeit geschlossen, sondern die gesetzgeberischen Vorstellungen berücksichtigt und das ganze Gesetz für nichtig erklärt. Auffallend ist, daß auf die Entscheidung im Band 8, 274 (300 ff.) Bezug genommen wird, obwohl das Gericht seine dort dargelegte Auffassung berichtigt und ergänzt hat. Es

---

[130] Zusätzlich war eine Grundrechtsverletzung notwendig, da mehrere Verfassungsbeschwerden das Verfahren eingeleitet hatten. Das BVerfG nahm eine Verletzung des Rechts auf den gesetzlichen Richter (Art. 101 Abs. 1 Satz 2 GG) mit folgender Begründung an: Wird die Gerichtsbarkeit bundesrechtlich errichteter Spruchkörper durch Einrichtung von Ländersondergerichten ausgeschlossen, so setzt Art. 101 Abs. 1 Satz 2 GG voraus, daß diese den Anforderungen der Verfassung entsprechen. Wo das — wie hier — nicht der Fall ist, liegt eine Verletzung des Rechts auf den gesetzlichen Richter vor (BVerfG S. 213). Anders *Bettermann* AöR 94 (1969), 263 (266 f.): Die Berufung auf Art. 101 Abs. 1 Satz 2 GG ist deshalb zutreffend, weil das nichtige Gesetz den Sondergerichten keine Kompetenz gewähren konnte, so daß ihre gleichwohl ausgeübte Jurisdiktion die Beschwerdeführer der Zuständigkeit der ordentlichen Gerichte entzogen hat. Ursache der Gesetzesungültigkeit war der Verstoß gegen die Gewaltenteilung und ihre Folge die Verletzung des Art. 101 Abs. 1 Satz 2 GG.

[131] BVerfG S. 220.

[132] Die Teilbarkeit könnte man damit verneinen, daß eine umfassende Gerichtsordnung, bei der die Zusammensetzung der erstinstanzlichen und wichtigsten Spruchkörper verfassungswidrig ist, in toto nichtig sein muß. Mögen auch die Zuständigkeits- und Rechtsmittelnormen für sich gesehen grundgesetzmäßig sein, so führt der Makel der grundgesetzwidrigen Zusammensetzung zur Gesamtnichtigkeit.

[133] BVerfG S. 220.

wird deutlich, daß die methodische Konzeption variiert und von Zweck-
mäßigkeitserwägungen geprägt ist. Das BVerfG ist bemüht, eine teilweise Aufrechterhaltung nicht auszusprechen, wo sie dem Willen des
Gesetzgebers eindeutig widerspricht.

5. Grenzfälle

Hauptfälle prinzipaler Rechtssatzprüfungsverfahren, die im Bundesrecht ihre Regelung gefunden haben, sind die abstrakte Normenkontrolle nach Art. 93 Abs. 1 Nr. 2 GG /§§ 13 Nr. 6, 76-79 BVerfGG, die konkrete Normenkontrolle nach Art. 100 Abs. 1 GG/§§ 13 Nr. 11, 80-82
BVerfGG, die gegen eine Rechtsnorm gerichtete Verfassungsbeschwerde
nach Art. 93 Abs. 1 Nr. 4 a, 4 b GG/§§ 13 Nr. 8 a, 90-95 BVerfGG[134] und
der Antrag nach § 47 VwGO[135]. Sie werden auf Antrag (abstrakte und
verwaltungsgerichtliche Normenkontrolle), Verfassungsbeschwerde oder
Vorlagebeschluß (konkrete Normenkontrolle) eingeleitet[136], welche
gleichzeitig den Streitgegenstand bestimmen und begrenzen. Nach all-
gemeinem Prozeßrecht kann ein Gericht in der Regel nicht über den
Streitgegenstand hinausgehen und etwas zusprechen oder ablehnen,
was nicht begehrt worden ist[137]. Der Prüfungsgegenstand[138] wird für die
Teilnichtigkeitsfrage relevant, wenn er Teile eines Gesetzes oder einer
Gesetzesbestimmung zum Inhalt hat, mit höherrangigem Recht unvereinbar ist und der Rest durch die negative Normenkontrollentscheidung
gegenstands- oder sinnlos wird oder an demselben Rechtsverstoß leidet.

a) Überflüssige Teilnichtigerklärung

Der Erste Senat des BVerfG mußte sich jeweils zweimal mit § 368 a
Abs. 1 Satz 1 der *Reichsversicherungsordnung*[139] und § 17 Abs. 1 Satz 1
des *Gewerbersteuergesetzes*[140] beschäftigen[141].

---

[134] Der Organstreit nach Art. 93 Abs. 1 Nr. 1 GG/§§ 13 Nr. 5, 63—67
BVerfGG und der Bund-Länder-Streit nach Art. 93 Abs. 1 Nr. 3, 4 GG/§§ 13
Nr. 7, 68—70 BVerfGG sind prinzipale Normprüfungsverfahren, wenn die beanstandeten Maßnahmen der Antragsgegner (§§ 64, 69 BVerfGG) Rechtssätze
oder Rechtsetzungsakte sind, vgl. *Friesenhahn*, Die Verfassungsgerichtsbarkeit in der BRD S. 35, 42, 57; *Goessl*, Organstreitigkeiten innerhalb des Bundes S. 73 f., 219.

[135] Von der Ermächtigung des § 47 VwGO haben fünf Länder in den Ausführungsgesetzen zur VwGO Gebrauch gemacht: Baden-Württemberg (§ 5
AG), Bayern (Art. 10 AG), Bremen (Art. 7 AG), Hessen (§ 11 AG) und Schleswig-Holstein (§ 5 a AG).

[136] Anträge nach § 47 VwGO werden von den Oberverwaltungsgerichten
(bzw. Verwaltungsgerichtshöfen) entschieden; sonst ist das BVerfG zuständig.

[137] „Ne eat iudex ultra petita partium"; §§ 308 Abs. 1, 536, 559 ZPO, 88
VwGO; *Blomeyer*, Zivilprozeßrecht § 13 I 3; *Rosenberg-Schwab*, Zivilprozeßrecht § 134 I 1 b.

§ 368 a Abs. 1 Satz 1 RVO setzte für die Zulassung von Kassenärzten und -zahnärzten eine bestimmte Zahl von Kassenmitgliedern voraus. Auf Verfassungsbeschwerden von Ärzten wurde die Zulassungserschwerung als ein tiefer Eingriff in die freie Berufsausübung der nicht zugelassenen Ärzte bezeichnet (Art. 12 Abs. 1 GG) und — soweit sie sich auf Ärzte bezog — für nichtig erklärt[142]. Später wurde festgestellt, daß § 368 a Abs. 1 Satz 1 RVO auch für Zahnärzte eine Verletzung ihres Grundrechts aus Art. 12 Abs. 1 GG bedeutete und in toto nichtig war[143].

§ 17 Abs. 1 Satz 1 GewStG sah vor, daß Bank-, Kredit- und Wareneinzelhandelsunternehmen, die in einer Gemeinde eine Betriebsstätte unterhielten, ohne in dieser ihre Geschäftsleitung zu haben, eine gegenüber anderen Gewerbebetrieben höhere Gewerbesteuer (Zweigstellensteuer) zahlen mußten. Zunächst wurde die Ungleichbehandlung gerügt, soweit Warenhäuser betroffen waren und § 17 Abs. 1 Satz 1 GewStG partiell für nichtig erklärt[144]. Die Gesamtnichtigkeit der Vorschrift sprach der Senat aus den gleichen Gründen in einem späteren Verfahren aus[145].

Da die Zweitentscheidung in beiden Beispielen wesentlich die Argumentation der Erstentscheidung wiederholte, ist die Frage berechtigt, ob die Prüfungsbeschränkung auf den unmittelbaren Streitgegenstand um jeden Preis sinnvoll ist. Der Gesetzgeber hat durch § 78 Satz 2 BVerfGG dem Gericht im Rahmen abstrakter und konkreter Normprüfung (§ 82 Abs. 1 BVerfGG) die Möglichkeit verschafft, die negative Entscheidung über die Anträge hinaus auf weitere Bestimmungen des gleichen Gesetzes zu erstrecken, die aus denselben Gründen mit höherrangigem Recht unvereinbar sind.

Über den Inhalt des § 78 Satz 2 BVerfGG hat sich das BVerfG bislang sehr unverbindlich und zurückhaltend geäußert[146]. Auf Vorlage des Sozialgerichts Stuttgart hat es[147] in Anwendung des Rechtsgedankens

---

[138] Im Normenkontrollverfahren ist der Streitgegenstand zugleich Prüfungsgegenstand.

[139] In der Fassung des G. über Kassenarztrecht vom 17. August 1955, BGBl. I S. 513.

[140] Vgl. die Fassung vom 25. Mai 1965, BGBl. I S. 459.

[141] BVerfGE 11, 30 ff. und 12, 144 ff.; 19, 101 ff. und 21, 160 ff.

[142] BVerfGE 11, 30 (48); (Entscheidungsformel auf S. 31).

[143] BVerfGE 12, 144 (147 ff.); (Entscheidungsformel auf S. 144).

[144] BVerfGE 19, 101 (111 ff.); (Entscheidungsformel auf S. 104).

[145] BVerfGE 21, 160 (167 ff.); (Entscheidungsformel auf S. 163).

[146] *Goessl* S. 220 Fn. 877 bezeichnet die Bedeutung der Regelung als „dunkel" und meint, für die Beschränkung des Prüfungsmaßstabs sei kein Sinn erkennbar.

[147] BVerfGE 17, 38 ff.

dieser Vorschrift die Nichtigkeit von § 45 Abs. 5 Satz 1 des Bundesversorgungsgesetzes[148] ohne Einschränkung festgestellt. Diese Vorschrift
erschwerte die Waisenrente beim Tode von „Ehefrauen" und war mit
Art. 3 Abs. 2 und 3 sowie 6 Abs. 1 GG unvereinbar. Nach dem Gesetz
gehörten zu den Ehefrauen auch die geschiedenen Mütter. Obwohl es im
Ausgangsverfahren um eine verheiratete Frau ging, wurde § 45 Abs. 5
Satz 1 auch hinsichtlich der Geschiedenen für nichtig erklärt[149]. Die
zögernde Heranziehung des Rechtsgedankens des § 78 Satz 2 BVerfGG
im Wege der Analogie war aber überflüssig, weil die Bestimmung im
konkreten Normenkontrollverfahren unmittelbar Anwendung findet
(§ 82 Abs. 1 BVerfGG).

Den zitierten Erstentscheidungen im Band 11, 30 ff. und im Band 19,
101 ff. waren Verfassungsbeschwerden vorausgegangen. §§ 90 ff.
BVerfGG enthalten keine Verweisungsvorschrift auf § 78 Satz 2, so daß
man meinen könnte, dem BVerfG sei die Erweiterung des Prüfungsgegenstands verschlossen. § 78 Satz 2 hat aber der Zweite Senat auf das
Verfassungsbeschwerdeverfahren übertragen[150]. Deshalb ist unver-
ständlich, daß im ersten Beschluß zu § 17 Abs. 1 Satz 1 GewStG, der
zeitlich nach dieser Analogieerklärung erfolgte, § 78 Satz 2 nicht zugrunde gelegt wurde. Die Gesamtnichtigerklärung der zur Prüfung ge-
legten Normen hätte zur Rechtsklarheit beigetragen, allen Betroffenen
schneller zu ihrem Recht verholfen und war aus dem Gesichtspunkt der
Prozeßökonomie wünschenswert.

b) Erstreckung des Streitgegenstands

Den „Doppel"-Entscheidungen des Ersten Senats stehen andere
gegenüber, in denen das Gericht die Nichtigerklärung erweitert hat.
Unproblematisch waren die Fälle, wo der Gesetzes- oder Normrest den
nichtigen Streitgegenstand nicht zu überleben imstande war, weil er
ohne ihn gegenstandslos wurde[151]. Es lag eine materielle Abhängigkeit
vor, so daß die erste Voraussetzung der partiellen Verwerfung, die
Teilbarkeit, fehlte und die Beschränkung der Nichtigerklärung aus-
schloß. Man kann diese Gruppe unter dem Stichwort „Ungültigkeitserstreckung wegen Abhängigkeit oder Unteilbarkeit" erfassen, weil sie
keine Rechtssatzkollision bedingt.

---

[148] Vom 20. Dezember 1950, BGBl. S. 791.

[149] BVerfG S. 62.

[150] BVerfGE 18, 288 (300); eine weitere Analogieerklärung findet sich in E 4,
178 (186) und 8, 186 (195) für Normqualifikationsanträge gemäß Art. 125 f.
GG/§§ 13 Nr. 4, 86—89 BVerfGG.

[151] Vgl. z. B. BVerfGE 4, 115 (138); 20, 150 (161) und 238 (256 f.); 21, 160 (173);
22, 49 (82).

Eine Sonderstellung nimmt der Entscheidungskomplex ein, wo das BVerfG eine Erweiterung aus Rechtsgründen vorgenommen hat[152]. Rechtseinheit, Rechtsklarheit und Rechtssicherheit erfordern oft, daß ein festgestellter Verfassungsverstoß, dem außer dem Prüfungsgegenstand andere Gesetzesteile verfallen sind, mit der Folge der Ungültigkeitsfeststellung auf diese erstreckt wird. Hier — und nur hier — wird der Unterschied zwischen partiell unwirksamen Gesetzen und Rechtsgeschäften bemerkbar[153], den das positive Recht durch die etwas unglückliche Formulierung des § 78 Satz 2 BVerfGG gezogen hat. Nachteile der repressiven Normenkontrolle sollen ausgeglichen werden, indem Gesetzesteile, welche die Grundgesetzverletzung des Verfahrensgegenstands teilen, auch seinem Schicksal unterworfen werden. Es handelt sich um eine Besonderheit, die in der abstrakt-generellen Natur von Rechtsvorschriften ihre Ursache hat und bei Verträgen in viel geringerem Umfang auftritt.

So mußte das BVerfG auf Vorlagen nach Art. 100 Abs. 1 GG § 65 des *Gesetzes über Arbeitsvermittlung und Arbeitslosenversicherung*[154], wonach an der Arbeitslosenversicherung die bei Abkömmlingen, Stief- oder Pflegekindern oder deren Ehegatten Beschäftigten nicht teilnahmen (Abs. 1), auf seine Verfassungsmäßigkeit prüfen, soweit die Arbeitnehmer bei Abkömmlingen oder deren Ehegatten beschäftigt waren[155]. In der völligen Verweigerung der Teilnahme an der Arbeitslosenversicherung lag ein Verstoß gegen den Gleichheitssatz, und zwar für jeden Arbeitnehmer, der bei Angehörigen absteigender Linie beschäftigt war. Obwohl die Bestimmung hinsichtlich der bei Abkömmlingen einerseits und der bei Stief- oder Pflegekindern angestellten Arbeitnehmer andererseits teilbar war, wurde § 65 Abs. 1 AVAVG mit Hilfe der §§ 82 Abs. 1, 78 Satz 2 BVerfGG insgesamt für nichtig erklärt[156].

II. Die Ansicht der übrigen Gerichte

In der kontinuierlichen Rechtsprechung des Reichsgerichts und des Bundesgerichtshofs ist versucht worden, das bewährte Prinzip des § 139 BGB auf das öffentliche Recht zu übertragen. Bezeichnend ist, daß die

---

[152] BVerfGE 13, 290 (318); 16, 203 (211); 18, 366 (380); 19, 206 (226); 20, 379 (382).

[153] Über diesen Unterschied vgl. unten Dritter Teil II 1 c aa.

[154] In der Fassung vom 3. April 1957, BGBl. I S. 321.

[155] BVerfGE 20, 379 (380).

[156] BVerfG S. 382. Der Entscheidungstenor auf S. 379 ist mißverständlich, weil er einen „Insoweit"-Zusatz enthält. Der Vorbehalt ist wohl an den Gesetzgeber adressiert, der innerhalb der aufgezählten Gruppen differenzieren, aber nicht die Teilnahme an der Arbeitslosenversicherung „schlechthin" ausschließen durfte.

Teilnichtigkeitsfrage für Verwaltungsakte und Gesetze einheitlich erörtert und gelöst wird[157]. Es liegt offensichtlich der Gedanke zugrunde,
daß eine differenzierte Behandlung der — wenn man von Richter-
sprüchen absieht — beiden wichtigsten Akte staatlicher Gewalt nicht
angebracht sei. Vielleicht war dieser nicht ausgesprochene Gedanke so
selbstverständlich, daß auf eine fundierte dogmatische Begründung der
Analogie verzichtet wurde. Es wurde einfach festgestellt, daß der allgemeine Rechtsgrundsatz des § 139 BGB auch im öffentlichen Recht ver-
wertbar sei, weil die Rechtslage bei teilnichtigen Rechtsgeschäften und
partiell fehlerhaften Hoheitsakten vergleichbar sei[158]. Der BGH ließ die
Teilnichtigkeit den ganzen Akt ergreifen, wenn nicht anzunehmen war,
daß der Gesetzgeber ihn auch ohne den ungültigen Teil erlassen hätte[159].

Mit dem Urteil vom 6. März 1967 ist der II. Senat des BGH[160] einen
anderen Weg gegangen, ohne ausdrücklich von der erwähnten Rechts-
ansicht Abstand zu nehmen. § 139 BGB soll nach seinem Sinn und
Zweck keine Antwort darauf erteilen können, ob eine partiell nichtige
(Vereins-)Ehrengerichtsordnung im übrigen fortgilt. Diese Bestimmung
soll nicht eingreifen, wo die sachgerechte Entscheidung über die Aufrechterhaltung eines Rechtsgeschäftsteils nicht nach dem Parteiwillen,
sondern nach objektiven Maßstäben getroffen werden kann[161]:

„Dem Gedanken des § 139 BGB, für den Fortbestand eines teilnichtigen
Rechtsgeschäfts solle der Wille der Erklärenden ebenso Gestaltungskraft besitzen wie für den Abschluß dieses Rechtsgeschäfts, ist die Grundlage entzogen, wenn der Gründerwille hinter dem in der Satzung objektivierten Ver-
einswillen zurückgetreten ist"[162].

Maßgebliche Kriterien sollen der objektivierte Satzungsinhalt und
der Vereinszweck sein: Enthält der restliche Teil eine sinnvolle Regelung des Vereinslebens und wird er dem Vereinszweck gerecht, so
bleibt er gültig.

Es entspricht nicht der Interpretationsentwicklung des § 139 BGB,
wenn die Aussage des BGH als endgültige Absage an die Anwendung

---

[157] RGZ 134, 1 (15); BGHZ 5, 217 (Der hier interessierende Abschnitt ist in
NJW 1952, 823 abgedruckt); 7, 1 (10); 9, 359 (370); 16, 192 (198); 26, 91 (93).

[158] Besonders klar RGZ 133, 206 (211 f.): „Ähnlich muß man bei einem teilweise unwirksamen Verwaltungsakt prüfen, ob die Behörde ihn auch ohne
den unwirksamen Teil vorgenommen hätte." Einen entsprechenden Vergleich
zwischen Rechtsgeschäften und Gesetzen hat die höchstrichterliche Zivilrecht-
sprechung nicht angestellt.

[159] Mit Hilfe des vermutlichen Willens des Legislativorgans wurden zwei
Verordnungsbestimmungen partiell aufrechterhalten, vgl. BGHZ 9, 359 (370)
und 16, 192 (198).

[160] BGHZ 47, 172 ff.

[161] BGH S. 179.

[162] BGH S. 180.

dieser Norm gewertet wird. Immerhin hat das Gericht es vermieden, sich der Problemlösung des BVerfG anzuschließen, obwohl den Satzungsvorschriften ein abstrakt-genereller (Norm-)Charakter zugesprochen wurde[163]. Die objektiven Anknüpfungspunkte des BGH besitzen durchaus einen subjektiven Einschlag. Der Vereinszweck und die sinnvolle Regelung des Vereinsleben richten sich nach den Vorstellungen der Vereinsangehörigen. Daß die Willensbildung und -entwicklung der Mitglieder die Satzungsauslegung anders gestalten kann, als die Gründer es angenommen haben, hängt mit der zunehmenden Objektivierung der auf Dauer gerichteten körperschaftlichen Vereinsverfassung zusammen[164]. Es trifft demnach zu, daß nicht ausschließlich der Wille der satzungsgebenden Gründer den Fortbestand der teilnichtigen Satzung bestimmen kann. Fraglich ist aber, ob damit der Anwendung des § 139 BGB der Boden entzogen ist[165], weil die Zivilrechtslehre und -rechtsprechung auf den „vernünftigen" Willen des Erklärungsurhebers abstellen, § 139 BGB also unter Betonung objektiver Kriterien modifiziert haben[166]. Auch diese Meinung würde hier erlauben, die Vorstellungen der jetzigen Mitglieder über die Restgültigkeit gebührend zu beachten.

III. Die Ansichten der Lehre

Die Beiträge in der Lehre stehen in keinem Verhältnis zur praktischen Bedeutung der Teilnichtigkeitsfrage und der Fülle verfassungsgerichtlicher Entscheidungen[167]. Angesichts der vertretbaren Ergebnisse des BVerfG treten die methodischen Grundsätze in den Hintergrund und werden überwiegend nicht kritisiert[168]. Ein Problemkreis ist vom Teilnichtigkeitskomplex gelöst und ausführlich erörtert worden: Wo Gerichte unter Mißbrauch des Gebots verfassungskonformer Auslegung die Unvereinbarkeit mit höherrangigem Recht abgelehnt und die zur Prüfung gestellten Normen für verfassungs- bzw. bundesrechtmäßig erklärt haben, trat man im Schrifttum für eine partielle oder totale Nichtigkeitsfeststellung ein[169].

---

[163] BGH S. 179.

[164] BGH S. 179 f.

[165] BGH S. 180.

[166] Vgl. oben Erster Teil I 4 b.

[167] Vgl. das Verzeichnis der vom Bundesverfassungsgericht ganz oder teilweise für nichtig erklärten Normen, Registerband zu den Entscheidungen des Bundesverfassungsgerichts Band 11—20 unter D I S. 541—558, und das Verzeichnis der ganz oder teilweise für nichtig erklärten Bundesgesetze (74 Fälle!), Materialien Nr. 14, hsg. von der Wissenschaftlichen Abteilung des Deutschen Bundestages, Bonn 1970.

[168] Kritisch zur widerspruchsvollen Methodik des BVerfG Bettermann, Legislative ohne Posttarifhoheit S. 9 ff.

[169] Baring JZ 1960, 171 f.; Christoph Böckenförde, Die sogenannte Nichtig-

1. Modifizierung des § 139 BGB

Eine ältere Auffassung will in Übereinstimmung mit dem Reichs-
gericht[170] den auch das öffentliche Recht beherrschenden Gedanken des
§ 139 BGB zum Ausgangspunkt nehmen[171]. Die partielle Fortgeltung soll
entfallen, wenn die Zerlegung des Gesetzes in einen gültigen und einen
ungültigen Teil unmöglich oder wenn anzunehmen ist, daß der Gesetzgeber das an sich teilbare Gesetz ohne den nichtigen Teil nicht beschlossen hätte. Eine Überbetonung subjektiver Kriterien wird durch die Um-
kehrung des Regel-Ausnahme-Verhältnisses nach § 139 BGB vermieden. Während das bürgerliche Recht von der Gesamtnichtigkeit als
Regel ausgeht, soll bei Gesetzen die Vermutung gelten, daß der rechtmäßige Teil auch ohne den rechtswidrigen erlassen worden wäre[172]. Auf
eine Kurzformel gebracht, will diese Ansicht § 139 BGB im Sinne von
§ 2085 BGB modifizieren[173].

In Fortbildung dieser Meinung ist versucht worden, die vom BVerfG
als maßgeblich erachteten Kriterien mit § 139 BGB in Einklang zu brin-
gen[174]. Da fehlende Selbständigkeit des gesunden und inhaltliche Verflechtung mit dem kranken Gesetzesteil zur Gesamtnichtigkeit führen,
kommt es darauf an, festzustellen, wonach die Selbständigkeit und die
inhaltliche Verflechtung zu bestimmen sind. Die Lösung wird aus § 139
BGB gewonnen, indem vor allem bei nachkonstitutionellen Gesetzen
der Wille des Gesetzgebers herangezogen wird, „nämlich, ob er den
Rest des Gesetzes auch ohne den jetzt als nichtig erkannten Teil gewollt
hätte"[175].

Mit Rücksicht darauf, daß die Teilnichtigkeitsmerkmale des BVerfG
Teilbarkeitsgesichtspunkte darstellen[176], bedeutet das nichts anderes, als

---

keit verfassungswidriger Gesetze S. 148 f.; *Burmeister*, Die Verfassungsorientierung der Gesetzesauslegung S. 122 ff.; *Eckardt*, Die verfassungskonforme
Gesetzesauslegung S. 57 ff.; *Ehmke* VVDStRL 20 (1961), 53 (74 f.); *Haak*, Normenkontrolle und verfassungskonforme Gesetzesauslegung des Richters
S. 295 ff., 305; *Hesse*, Grundzüge § 2 IV 2 a; *Menger* JZ 1960, 168 ff.; *Michel* JuS
1961, 274 (279); *Spanner* AöR 91 (1966), 503 (514 ff., 530 ff.).

[170] RGZ 134, 1 (15 f.).

[171] *Brandis* DJZ 1931, Sp. 1542 (1543).

[172] Vgl. *Brandis* Sp. 1543 im Anschluß an *Walter Jellinek*, Gesetz, Gesetzesanwendung und Zweckmäßigkeitserwägung S. 216: „Namentlich verträgt sich
sehr wohl die Ungültigkeit eines einzelnen Paragraphen mit der Gültigkeit
des übrigen Teils. *Denn wer das Ganze will, will wahrscheinlich einen Teil
des Ganzen als gar nichts* (Hervorhebung durch Verf.). Aber dieser Satz bedarf einer notwendigen Einschränkung für den Fall, daß der gültige Teil sich
nur schwer trennen läßt vom ungültigen."

[173] Zum Verhältnis von § 139 zu § 2085 BGB vgl. *Blomeyer*, Zivilprozeßrecht
§ 69 III 2 d; *Kipp-Coing*, Erbrecht § 21 IV; oben Erster Teil I 3 a.

[174] *Hanswerner Müller* DVBl 1964, 104 ff.

[175] *Hanswerner Müller* S. 105.

[176] Dazu oben 1 a bb.

daß die Vorstellungen des Erklärungsurhebers darüber befinden, ob sein Werk teilbar ist oder nicht. Dabei wird übersehen, daß das BVerfG die Teilbarkeit von Gesetzen nach objektiven Grundsätzen beurteilt, was methodisch nicht beanstandet werden kann, weil auch im Rahmen der Prüfung nach § 139 BGB die Teilbarkeit sich nicht nach dem Willen der Vertragschließenden, sondern objektiv bestimmt. Das subjektive Moment des § 139 BGB setzt erst in der nachfolgenden Stufe ein und entscheidet nach dem vernünftigen Parteiwillen, ob das teilbare und teilnichtige Rechtsgeschäft im übrigen fortbestehen soll[177].

2. Restgültigkeit aus Gründen der Rechtssicherheit und der Rechtsklarheit

Die herrschende Auffassung ist dem BVerfG mit dem Ziel gefolgt, durch die Beschränkung der Nichtigkeitsfolge auf die verfassungswidrigen Gesetzes- oder Normabschnitte die Gefährdung von Rechtssicherheit und -klarheit zu eliminieren[178]. Die Argumentation nimmt wesentlich darauf Bezug, daß ein Rechtsgeschäft regelmäßig von zwei Beteiligten geschlossen und durchgeführt wird, während ein Gesetz auf lange Zeit gedacht eine Vielzahl von Sachverhalten für eine Vielzahl von Personen regelt. Daraus soll folgen, daß die Wirkungen der Nichtigkeit gemessen an der Gefährdung von Rechtssicherheit und -klarheit unterschiedlich ausfallen. Die totale Ungültigerklärung hinterlasse eine Lücke, die der Rechtssicherheit abträglich sei; dagegen biete die partielle Aufrechterhaltung Anhaltspunkte für die quantitativ eingeschränkte Lückenausfüllung und trage deshalb zur Rechtsklarheit bei[179]. Im Ergebnis wird eine stark objektiv-bezogene Behandlung teilnichtiger Gesetze befürwortet und die Abweichung des BVerfG vom § 139 BGB begrüßt.

a) Rechtssicherheit und Rechtsklarheit

Obwohl zahlreiche Erscheinungen des Rechts der Rechtssicherheit zugerechnet werden, fehlt es an einer umfassenden Definition. Über den Rechtswert der Rechtssicherheit besteht Einigkeit, nachdem das BVerfG ihr wiederholt den Rang eines Verfassungssatzes zuerkannt hat: Sie gehört zu den wesentlichen Elementen des Rechtsstaatsprinzips[180]. Über

---

[177] Oben Erster Teil I 4 b.

[178] *Herschel* JZ 1967, 727 (735); zustimmend zum BVerfG: *Leibholz-Rupprecht*, BVerfGG Rdnr. 6 zu § 78; *Lüke-Zawar* JuS 1970, 205 (210); *Mayer-Maly*, Gedenkschrift für Gschnitzer S. 265 (278 f.).

[179] Vgl. *Herschel* S. 735.

[180] BVerfGE 3, 225 (237 f.); 7, 89 (92) und 194 (196); 20, 323 (331); 22, 322 (329); 25, 269 (290); 27, 167 (173); 30, 272 (285); 31, 222 (225). Zum Verhältnis „Rechts-

den Inhalt der Rechtssicherheit hat sich das BVerfG nicht abschließend geäußert, sondern in seiner Rechtsprechung besonders zwei Gesichtspunkte herausgestellt: Aus der Rechtssicherheitsmaxime folge die grundsätzliche Rechtsbeständigkeit rechtskräftiger Entscheidungen und sonstiger in Rechtskraft erwachsener Akte der öffentlichen Gewalt[181]. In der Bürgerperspektive bedeute Rechtssicherheit in erster Linie Vertrauensschutz: Der Staatsbürger müsse darauf vertrauen können, daß sein rechtmäßiges Handeln von der Rechtsordnung mit allen ursprünglich angeordneten Rechtsfolgen als solches gewertet wird; er soll zugleich jeden staatlichen Eingriff voraussehen und sich darauf einrichten können[182]. Der Gesichtspunkt des Vertrauensschutzes war ausschlaggebend für die Lösung der die Rechtssicherheit betreffenden Frage nach der Zulässigkeit von Rückwirkungsgesetzen[183].

Über Qualität und Inhalt der Rechtssicherheit findet man ausführliche Darstellungen in der gesamten rechtsphilosophischen Literatur. Eine bewährte Auffassung sieht in der Rechtssicherheit das letzte Glied der Rechtsideetrias „Gerechtigkeit-Zweckmäßigkeit-Rechtssicherheit"[184]. Die Gerechtigkeit strebt als austeilende Gerechtigkeit die gleiche Behandlung gleicher und die ungleiche Behandlung verschiedener Sachverhalte an. Der Beurteilungsmaßstab für gleiche oder ungleiche Verhältnisse und die Art der Behandlung richten sich nach dem Zweck des Rechts (Zweckmäßigkeit). Da sich aber Zweck und Zweckmäßigkeit durch die Entwicklung der Verhältnisse und der Wertvorstellungen ändern können, somit relativ und anfällig sind, muß das Recht die Gefährdung der Verwirklichung der Rechtsidee mit der Rechtssicherheit bekämpfen[185]. Bei den daraus notwendig entstehenden Spannungen und Kollisionen zwischen den drei Komponenten der Rechtsidee soll der Rechtssicherheit die wichtigste Rolle zukommen: „*Daß* dem Streite der Rechtsansichten ein Ende gesetzt werde, ist wichtiger, als daß ihm ein *gerechtes* und *zweckmäßiges* Ende gesetzt werde, das Dasein einer Rechtsordnung wichtiger als ihre Gerechtigkeit und Zweckmäßigkeit,

staat-Rechtssicherheit" vgl. auch *Hesse*, Rechtsstaatlichkeit und Sozialstaatlichkeit S. 557 (571 f.).

[181] BVerfGE 2, 380 (403); 15, 167 (205 f.) und 313 (319); 19, 150 (166); 27, 297 (305 f.); 30, 367 (386 f.).

[182] BVerfGE 11, 64 (72); 13, 215 (224); 14, 288 (299 f.); 15, 313 (323 f.); 18, 70 (84) und 135 (143 f.); 25, 269 (290); 27, 167 (173); 30, 250 (267), 272 (285) und 367 (387); 31, 222 (225).

[183] BVerfGE 7, 129 (152), 11, 64 (72) und 139 (145 f.); 13, 206 (212 f.) und 215 (223 ff.); 19, 187 (195); 22, 330 (347); 23, 85 (93 f.); 25, 269, (289 f.); 30, 250 (267), 272 (285), 367 (387) und 392 (401); 31, 222 (225 f.).

[184] *Engisch*, Einführung in das jur. Denken S. 163; *Henkel*, Rechtsphilosophie § 30 II 1; *Radbruch*, Rechtsphilosophie S. 168.

[185] *Radbruch* S. 168.

diese die zweite große Aufgabe des Rechts, die erste, von Allen gleichermaßen gebilligte aber die Rechtssicherheit, d. h. die Ordnung, der Friede"[186].

In der Ordnungs- und Friedensfunktion soll der fundamentale Wert der Rechtssicherheit für jede Gemeinschaft liegen[187]. Ordnung und Friede im Rechtsleben werden durch die zwei Elemente der Rechtssicherheit erreicht: die Orientierungs- und die Realisierungssicherheit[188]. Die Orientierungssicherheit wird gewährleistet, wenn der Rechtsunterworfene erkennen kann, wonach er sein Handeln richten muß und was er von der Gemeinschaft und seinen Rechtsgenossen erwarten oder verlangen darf. Damit er aber die Orientierungsgewißheit erlangt, muß er sicher sein, daß die Richtschnur seines Verhaltens und des Verhaltens seiner Rechtsgenossen realisiert wird, m. a. W. daß die Rechte und Pflichten begründenden Rechtssätze und staatlichen Einzelentscheidungen mit ihren Rechtsfolgen durchgesetzt werden; das ist die Realisierungssicherheit[189]. Sie ist die Voraussetzung der Orientierungssicherheit.

Die Orientierungssicherheit erhebt primär die Forderung nach Positivität des Rechts. „Wenn nicht fest*gestellt* werden kann, was gerecht ist, so muß fest*gesetzt* werden, was rechtens sein soll, und zwar von einer Stelle, die, was sie *fest*setzt, auch *durch*zusetzen in der Lage ist. Die Positivität des Rechts wird damit in höchst merkwürdiger Weise selbst zur Voraussetzung seiner Richtigkeit: es gehört ebensosehr zum Begriffe des richtigen Rechts, positiv zu sein, wie es Aufgabe des positiven Rechts ist, inhaltlich richtig zu sein[190]."

Im gesetzten Recht kann der Rechtsunterworfene am besten erkennen, wie er sich verhalten soll und welche Ansprüche er erheben darf. Damit ihm diese Erkenntnis ermöglicht wird, ist die Forderung nach Bestimmtheit des Rechts zu stellen, d. h. seiner Klarheit und Eindeutigkeit zur zweifelsfreien Ermittlung des Rechtsinhalts[191]. Die Rechtsklarheit steht also nicht neben der Rechtssicherheit, sondern trägt als Forderung an das positive Recht zur Orientierungsgewißheit und somit zur Rechtssicherheit bei. Man kann das auch damit ausdrücken, daß Rechtssicherheit zunächst Rechtsklarheit bedeutet[192].

---

[186] *Radbruch* S. 169.

[187] *Zippelius*, Das Wesen des Rechts S. 123.

[188] Die Begriffe stammen von *Theodor Geiger*, Vorstudien zu einer Soziologie des Rechts S. 102 f.

[189] *Henkel* § 30 III 2 und 3; *Zippelius* S. 124.

[190] *Radbruch* S. 169. In dieser hervorragenden Formulierung wird zugleich das Verhältnis zwischen Orientierungs- und Realisierungssicherheit beschrieben. Vgl. auch *Henkel* unter 1 und *Max Rümelin*, Die Rechtssicherheit S. 3.

[191] *Henkel* sub 2 a; *Max Rümelin* S. 9.

[192] *Esser*, Festschrift für Rittler S. 13: „Die Positivität des Rechts verlangt, daß die Normen in ihren Ordnungsgeboten und Sanktionen mitgeteilt, also

b) Gesamtnichtigkeit und partielle Aufrechterhaltung

Die Orientierungsgewißheit als Element der Rechtssicherheit und die Rechtsklarheit als Element der Orientierungsgewißheit stellen Gesichtspunkte dar, welche bei der Lösung der Teilnichtigkeitsfrage verwertet werden können. Durch jede Nichtigerklärung, die das rechtswidrige Gesetz aus dem positiven Recht herausnimmt, entsteht eine Lücke im Recht. Sie kann nur durch den Erlaß einer rechtmäßigen Regelung optimal geschlossen werden: In der Zwischenzeit mangelt es an einem eindeutigen Orientierungsmaßstab. Deshalb kann man den Standpunkt vertreten, daß bei der Frage nach Gesamtverwerfung oder partieller Aufrechterhaltung eines teilnichtigen Gesetzes die Orientierungssicherheit vorbehaltlos für die zweite Alternative spreche. Wo eine nur teilweise Nichtigerklärung möglich ist, müsse sie auch vorgezogen werden[193]. Denn durch die Restgültigkeit werde erreicht, daß die Rechtsunterworfenen die Richtschnur ihres Handelns mindestens zum Teil zu erkennen in der Lage sind.

Eine solche Argumentation leidet an Einseitigkeit. Die Orientierungssicherheit als Erkennbarkeit des von der Rechtsordnung erwarteten oder abverlangten Verhaltens *kann* nach der Gesamtnichtigkeit mehr gefährdet sein als nach der partiellen Aufrechterhaltung eines Gesetzes. Sie *muß* es aber nicht. Bedenkt man, daß das positive Recht der erwünschten Klarheit nicht nur dann entbehrt, wenn es lückenhaft ist, sondern ebensosehr, wenn es nicht präzise ist[194], so leuchtet ein, daß die Zerstückelung eines Gesetzes eine erhebliche Unsicherheit zum Ergebnis haben kann, selbst wenn die verbleibenden Stücke für sich gesehen sinnvoll sind. Jede teilweise Ungültigerklärung läßt nur einen Teil der gesetzlichen Regelung fortbestehen, und Teile sind meistens nicht dazu geeignet, das Ganze zu ersetzen. Man kommt sogar in Versuchung zu behaupten, daß in vielen Fällen erst die Totalkassation die Rechtsklarheit schafft[195]. Ohne Zweifel ist es ein Anliegen der Rechtssicherheit,

---

publiziert werden, und zwar so, daß anhand einer kontrollierbaren Textausgabe die positive Ordnungswahl, welche über das ethisch Evidente hinausgeht, für jeden Verständigen klar fixiert ist."

[193] *Herschel*, JZ 1967, 727 ff., scheint diesen Standpunkt — auf S. 733 spricht er unter 2. von der „Nichtigkeit nur im äußersten Falle" — zu relativieren, indem er auf S. 735 für die Aufrechterhaltung des Normrestes eintritt, „sofern ihre Geltung ohne die nichtigen Teile sinnvoll und *nicht dem erkennbaren Willen des Gesetzes* zuwider ist" (Hervorhebung durch Verf.). Dieses scheinbare Zugeständnis an § 139 BGB wird dadurch entkräftet, daß es nicht auf den Willen des Erklärungsurhebers (des Gesetzgebers), sondern auf den Willen *des Erklärten* (des Gesetzes) ankommt.

[194] *Esser* S. 13; *Herschel* S. 729.

[195] Dafür gibt es Belege aus der Verfassungsjudikatur: Die Entscheidungen, die oben unter I 5 a als Fälle überflüssiger Teilnichtigerklärung bezeichnet worden sind, müssen eine erhebliche Rechtsunsicherheit bis zu dem Zeitpunkt

daß möglichst wenige Lücken im Recht bestehen und entstehen. Auf der anderen Seite fordert die Orientierungssicherheit genauso stark, daß die nach der Teilnichtigerklärung entstehende Lücke ausfüllungs*fähig* ist, und zwar ohne besondere Schwierigkeiten. Sonst ist die Totalnichtigkeit als „negative" Klarheit im Verhältnis zur mangelnden Sicherheit und Klarheit über die Form und Art der Lückenausfüllung die angemessenere Lösung. Eine so vielschichtige und umfassende Institution wie die Rechtssicherheit kann begrifflich keine Grundsatzaussage zugunsten oder zulasten der partiellen Aufrechterhaltung eines Gesetzes erlauben: Wenn man überhaupt die Rechtssicherheit beim Teilnichtigkeitsproblem bemüht, muß das in der Weise geschehen, daß die Umstände und Verhältnisse des konkreten Falles gebührend berücksichtigt werden.

Hinzu kommt eine weitere Überlegung: Die Frage nach der Gesamtverwerfung oder der Restgültigkeit entscheidet sich im Rechtssatzprüfungsverfahren. Wenn die Rechtssicherheit als der maßgebende Gesichtspunkt für die Problemlösung angesehen wird, muß das Normenkontrollorgan klare Aussagen über ihre Gefährdung treffen und treffen können. Zweifelhaft ist aber, ob es immer dazu imstande ist. Die Normprüfer werden mit der schwierig zu beanworten Frage belastet, ob der restliche Gesetzesabschnitt der Rechtsklarheit wegen der möglichen Lückenausfüllung weniger abträglich ist als die Nichtigkeit des ganzen Gesetzes. Dazu ist erforderlich, daß sie die künftige Rechtsentwicklung exakt voraussehen und die Rechtsanwendung in eine bestimmte Bahn leiten können, ein Vorgehen, das aus doppeltem Grund bedenklich ist: Was passiert, wenn die Rechtsentwicklung nicht vorhersehbar ist oder die vorausgesehene Rechtsentwicklung nicht eintritt? Ist es auf der anderen Seite Aufgabe des Kontrollorgans, Leitlinien für die künftige Rechtsanwendung zu erteilen, und wenn ja, sind diese Leitlinien verbindlich? Würde die Verbindlichkeit solcher Leitlinien mit dem Gewaltenteilungsgrundsatz und der Funktion der rechtssatzprüfenden Organe vereinbar sein? Bevor diese Fragen nicht geklärt sind, kann die Rechtssicherheit die ihr zugedachte Rolle bei der Lösung des Teilnichtigkeitsproblems nicht erfüllen.

Als Ergebnis bleibt festzuhalten, daß die Restgültigkeit aus Rechtssicherheits- und Rechtsklarheitserwägungen wünschenswert sein *kann*, aber *nicht* wünschenswert sein *muß*. Die teilweise Aufrechterhaltung wird möglicherweise zur Orientierungsgewißheit der Rechtsunterwor-

---

verursacht haben, wo das BVerfG in den „Zweit-Urteilen" die Gesamtnichtigkeit der beanstandeten Norm deklariert hat. Dagegen ist die Erstreckung der Ungültigkeitsfeststellung über den Streitgegenstand des Ausgangsverfahrens hinaus (oben I 5 b) vor allem mit Rücksicht auf die Rechtseinheit, die Rechtsklarheit und die Rechtssicherheit vorgenommen worden.

fenen beitragen; sie wird jedoch durch diese weder gefordert noch ge-rechtfertigt. Die Rechtssicherheit ist *ein* Hilfsmerkmal für die Schick-salsbestimmung eines zum Teil ungültigen Gesetzes, aber nicht das *ent-scheidende.*

Dritter Teil

Teilnichtigkeit von Gesetzen und Gesetzesbestimmungen in Analogie zu § 139 BGB

Die Darstellung der zur Beurteilung teilnichtiger Gesetze vertretenen Auffassungen hat ergeben, daß methodische Ansätze nicht fehlen, aber keine klare Methodik herausgebildet worden ist. Das gilt vor allem für die Beiträge in der Literatur, wo verschiedene Gesichtspunkte wie die Vorstellungen des Gesetzgebers oder die Rechtssicherheit für die Lösung des Teilnichtigkeitsproblems angesprochen werden, ohne daß auf ihr Verhältnis zueinander eingegangen wird. Das BVerfG hat sich auf objektive Teilbarkeitskriterien festgelegt und mußte partielle Verfassungsverstöße anders als partielle Verletzungen des Gleichheitssatzes behandeln. Die Begründung mit dem weiten Ermessen des Gesetzgebers bei der Realisierung von Art. 3 Abs. 1 GG ist deshalb nicht überzeugend, weil dem Gesetzgeber auch sonst eine — nur durch das Grundgesetz begrenzte — Regelungsfreiheit zusteht. Der Verfassungsrechtssprechung ist entgegenzuhalten, daß sie trotz der imponierenden Zahl der entschiedenen Fälle[1] und mancher Hinweise in der Lehre ihr widerspruchsvolles methodisches Vorgehen nicht korrigiert und § 139 BGB nicht in den Kreis ihrer Überlegungen einbezogen hat. Ob und inwieweit die zivilrechtliche Lösung der Teilnichtigkeitsfrage auch für teilweise ungültige Gesetze und Gesetzesvorschriften verwertet werden kann, soll im folgenden untersucht werden.

I. Stufen des Normenkontrollverfahrens

Im Rahmen jedes Rechtssatzkontrollverfahrens wird geprüft, ob die untergeordnete Bestimmung (Prüfungs- oder Streitgegenstand) mit der übergeordneten (Prüfungsmaßstab) vereinbar ist oder ihr widerspricht[2].

---

[1] Vgl. oben Fn. 167 im Zweiten Teil.

[2] *Hesse*, Grundzüge § 19 II 3 vor a; *Willi Geiger*, BVerfGG Vorbem. 1 vor § 76; *Bettermann*, ZZP 72 (1959), 32 (37), spricht von *Kontrollobjekt* und *Kontrollinstrument*. Die Zahl der möglichen Kollisionspaare hängt von der Stufenzahl einer Rechtsordnung ab. Über die Rangordnung der Rechtsquellen vgl. *Hensel* HdbDStR II § 84 II vor A (Einheitsstaatliche Rangordnung: Verfassung, Gesetz, Verordnung) und III vor A (Bundesstaatlich-kommunale Rangordnung: Bundes-, Landes-, Kommunalrecht); kritisch zu diesem Rangverständnis *Wilhelm Henke* Der Staat III (1964), 433 (441 ff.).

Die Vereinbarkeitsprüfung umfaßt die formelle und die materielle Rechtskontrolle, d. h. das rechtmäßige Zustandekommen und die inhaltliche Übereinstimmung des Streitgegenstands mit Normen höheren Rechts[3]. Das Verfahren vollzieht sich in drei Stadien.

1. Das Auslegungsstadium

Zunächst muß das Kontrollorgan den Rang des Prüfungsgegenstands innerhalb des Stufenbaus der Rechtsordnung erkennen und sämtliche in Betracht kommenden Prüfungsmaßstäbe ausfindig machen. Dann setzt der Auslegungsprozeß ein, der die erste große Aufgabe im Rahmen des Normenkontrollverfahrens bildet. Prüfungsgegenstand und Prüfungsmaßstab werden interpretiert, damit sie miteinander verglichen werden können. Die Interpretationsweise richtet sich nach den Regeln der juristischen Hermeneutik und hat die Sinnermittlung der jeweils einschlägigen Rechtssätze zum Ziel[4].

2. Das Prüfungs- und das Entscheidungsstadium

Nach dem Auslegungsvorgang wird innerhalb der nächsten Verfahrensstufe die untergeordnete Vorschrift an der übergeordneten gemessen. Ergibt sich aus dem Vergleich eine Normenkollision, so werden sie und die Ungültigkeit des Prüfungsgegenstands im Entscheidungstenor ausgesprochen. Läßt sich ein Rechtsverstoß nicht erkennen, dann werden die Anträge bzw. Vorlagen abgewiesen und die Vereinbarkeit der beanstandeten Bestimmung mit höherrangigem Recht deklariert[5].

II. Teilnichtigkeit

Die Prüfungsstufe endet bei vielen Normenkontrollverfahren mit dem Ergebnis, daß (nur) ein Teil des gerügten Rechtssatzes oder Rechtssatzkomplexes höherrangiges Recht verletzt. In diesen Fällen entsteht im Rahmen des Entscheidungsstadiums die Frage, was aus dem Rest

---

[3] *Stern*, Bonner Kommentar Rdnr. 31 zu Art. 100 GG.

[4] Das BVerfG hat sich für die „objektive Auslegungsmethode" ausgesprochen, so in E 1, 299 (312); 8, 274 (307); 10, 234 (244); 11, 126 (130 f.); 13, 261 (268); 16, 82 (88); 18, 38 (45); 20, 283 (293). Zum Streitstand vgl. *Peter Schneider* VVDStRL 20 (1961), 1 (6 ff., 12) und *Larenz*, Methodenlehre S. 296 ff.

[5] Das BVerfG beschränkt die positive Normenkontrollentscheidung auf die Feststellung, daß die zur Prüfung gestellte Rechtsnorm mit dem Prüfungsmaßstab vereinbar ist und spricht im Tenor nicht aus, daß die Rechtsnorm gültig ist. Den Grund sieht *Friesenhahn*, Die Verfassungsgerichtsbarkeit in der BRD S. 51, in der nicht auszuschließenden Möglichkeit, „daß aus irgendeinem derzeit nicht erkannten Grunde doch noch Bedenken gegen die Gültigkeit erhoben werden können".

wird. Wie bei Rechtsgeschäften und Verwaltungsakten gibt es auch bei Gesetzen zwei Möglichkeiten: die Gesamtnichtigkeit und die Restgültigkeit. Die Entwicklung der Teilnichtigkeitsregelung bei Rechtsgeschäften (§ 139 BGB) hat gezeigt, daß das Problem der partiellen Ungültigkeit nicht mit Grundsatzaussagen zugunsten oder zulasten einer Alternative zu bewältigen ist. Es hat sich herausgestellt, daß das Organ, welches im Einzelfall berufen ist, die Teilnichtigkeitsfrage zu entscheiden, sein Urteil erst fällen kann, wenn ihm ein geeignetes Prüfungsschema und ein Katalog von Hilfsmerkmalen zur Verfügung stehen. Wer ein Regel-Ausnahme-Verhältnis aufstellt, läuft Gefahr, daß durch die extensive Anwendung der Ausnahmekriterien die Regel ähnlich wie bei § 139 BGB zur Ausnahme umgedeutet wird[6].

Auf Grund der Erfahrungen bei der Anwendung des § 139 BGB soll die Teilnichtigkeitsfrage bei Gesetzen und Gesetzesnormen nicht dadurch gelöst werden, daß man — wie das BVerfG und die herrschende Lehre[7] — im Prinzip von der partiellen Aufrechterhaltung ausgeht, sondern indem man jede grundsätzliche Wertung vermeidet und das Schicksal des teilweise ungültigen Gesetzes nach einigen, im folgenden näher zu umschreibenden Gesichtspunkten bestimmt. Im Vordergrund stehen nicht die Gesamtnichtigkeits- oder die Restgültigkeitsmaxime; vielmehr ist ausschlaggebend, mit welchen Hilfsmitteln die Entscheidung über Totalkassation oder nur partielle Verwerfung gewonnen werden kann. In Analogie zur Behandlung teilnichtiger Rechtsgeschäfte kommen als Hilfsmittel die Teilbarkeit des Gesetzes bzw. der Gesetzesvorschrift und der Wille des Erklärungsurhebers in Betracht.

1. Teilbarkeit

Als erstes ist zu untersuchen, ob sich der unmittelbar nichtigkeitsbedrohte Teil vom restlichen trennen läßt, ohne ihm gleichzeitig die Normqualität abzusprechen. Der an sich gültige Abschnitt muß trotz der Herausnahme des ungültigen eine sinnvolle abstrakt-generelle Regelung bleiben[8]. Mit dem positiven Untersuchungsergebnis steht die Teilbarkeit des Prüfungsgegenstands fest. Sie darf aber nicht die teilweise Aufrechterhaltung indizieren. Insoweit wird von der methodischen Konzeption des BVerfG abgewichen. Über die partielle Fortgeltung soll nicht die Zerlegbarkeit entscheiden. Sie ist nicht die *einzige*, sondern *eine* von mehreren Voraussetzungen der Teilnichtigkeit.

---

[6] Die zivilrechtliche Rechtsprechung und Lehre waren von Anfang an bemüht, die rigorose Gesamtnichtigkeitskonzeption des § 139 BGB zu korrigieren, vgl. oben Erster Teil I 3 und 4.

[7] Vgl. oben Zweiter Teil I vor 1 und III 2.

[8] Vgl. oben Zweiter Teil I 1 a bb.

a) Negative Bestimmung der Teilbarkeit

Das normkontrollierende Organ wird mit dem sehr allgemein formulierten Satz, ein zum Teil nichtiges Gesetz sei teilbar, wenn der rechtmäßige Teil isoliert betrachtet eine sinnvolle abstrakt-generelle Regelung darstelle, im konkreten Fall schwer arbeiten können. Klarheit über die Teilbarkeit von Gesetzen ist aber zu erreichen, wenn die Unteilbarkeitsfälle konkretisiert werden. Es ist nämlich einfacher, die Möglichkeiten der Unteilbarkeit abschließend aufzuzählen, als die Teilbarkeitsmerkmale näher zu bestimmen. Vom Ergebnis her bestehen gegen ein solches Vorgehen keine Bedenken, weil die Teilbarkeit zu bejahen ist, wenn kein Unteilbarkeitsfall vorliegt.

b) Einseitige Abhängigkeit

Unteilbarkeit liegt zunächst vor, wenn der an sich gesunde Gesetzesabschnitt unselbständig ist. Er kann und darf den ungültigen Teil nicht überleben, weil er von ihm abhängig ist, während umgekehrt nicht das gleiche Abhängigkeitsverhältnis gegeben sein muß (einseitige Abhängigkeit oder Dependenz)[9].

Daß Gesetzesbestimmungen zueinander oft im Verhältnis einseitiger Abhängigkeit stehen, hat die Judikatur des BVerfG an Hand mehrerer Beispiele nachgewiesen. Die Gesamtnichtigkeit des Ingenieurgesetzes, der Apothekenstoppgesetze und des § 15 Abs. 2 des Saarländischen Ausführungsgesetzes zur VwGO[10] folgte daraus, daß die jeweils rechtmäßigen Gesetzes- oder Normabschnitte keine selbständige Bedeutung hatten: Ihr Bestehen war vom Bestehen der rechtswidrigen Vorschriften bedingt.

Unternimmt man den Versuch, die Fälle der (einfachen) Dependenz zu gruppieren, so ergeben sich folgende Gruppen: Wenn die einzige materiell-rechtliche Norm eines Gesetzes nichtig ist und die sonstigen Bestimmungen den personellen, sachlichen oder zeitlichen Geltungsbereich des Gesetzes betreffen, wird das Gesetz unteilbar und deshalb in toto nichtig sein[11]. Wenn ferner in einer Norm die Regel aufgestellt wird und in einer anderen Ausnahmen davon vorgesehen werden, entfällt die Daseinsberechtigung der Ausnahmevorschrift, falls sich die Regel als ungültig herausstellt. Die letzte Gruppe bilden die Fälle ein-

---

[9] Vgl. oben Zweiter Teil I 1 a.

[10] Vgl. die Besprechung dieser Entscheidungen im Zweiten Teil I 1 b.

[11] Das war die Situation beim Ingenieurgesetz und bei den Apothekenstoppgesetzen: Während § 1 die materiellrechtliche Vorschrift der Gesetze bildete, betrafen die übrigen Bestimmungen im wesentlichen den personellen, sachlichen oder zeitlichen Geltungsbereich, vgl. Zweiter Teil I 1 b aa, bb.

seitiger Abhängigkeit, welche ohne durch ein besonderes Kriterium gekennzeichnet zu sein, zu der Wertung führen, daß sich der gültige Teil wegen seiner Unselbständigkeit dem Schicksal des ungültigen unterwerfen muß[12].

c) Gegenseitige Abhängigkeit

Unteilbar sind zum anderen Rechtssätze, die zueinander im Verhältnis der gegenseitigen Abhängigkeit (Interdependenz) stehen. Die Totalnichtigkeit tritt ohne Rücksicht darauf ein, welcher Rechtssatz rechtswidrig ist: Die Ungültigkeit der einen hat stets auch die Ungültigkeit der anderen Norm zur Folge. Das BVerfG hält diesen Fall für gegeben, wenn die nichtige Regelung mit der anderen inhaltlich so verflochten ist, daß beide eine untrennbare Einheit bilden, die nicht in ihre einzelnen Bestandteile zerlegt werden kann[13].

Das Verhältnis der Interdependenz hat das BVerfG für das Bundestilgungsgesetz zwischen den an sich verfassungsmäßigen Bestimmungen über die vom Bund und den verfassungswidrigen Vorschriften über die von den Ländern zu tilgenden Ausgleichsforderungen bejaht. Bei der Besprechung dieser Entscheidung wurden Bedenken gegen die Unteilbarkeit angemeldet, weil der grundgesetzkonforme Gesetzesteil eine noch sinnvolle abstrakt-generelle Regelung darstelle[14]. Diese Bedenken sollen nun konkretisiert werden, indem die Frage behandelt wird, ob und wann Gesetzesteile wechselseitig abhängig sein können.

aa) Zwischen Vertragsteilen

Die Unteilbarkeit wegen gegenseitiger Abhängigkeit spielt im Vertragsrecht eine wichtige Rolle. Eine Folge des synallagmatischen Charakters eines (gegenseitig verpflichtenden) Vertrags ist, daß die ausgetauschten Willenserklärungen über die wechselseitigen Ansprüche voneinander abhängig sind[15]. Es handelt sich hier um rechtliche Beziehungen, die von dem allgemeinen „do-ut-des"-Gedanken geprägt sind. Die Leistungspflichten der beiden Parteien dürfen nicht in der Weise verselbständigt werden, „daß im Falle der Nichtigkeit der einen die andere als einseitige Verpflichtung übrig bliebe"[16].

---

[12] Zu dieser Gruppe gehört die Entscheidung zur Gesamtnichtigkeit des § 15 Abs. 2 Saarl. AG zur VwGO, vgl. Zweiter Teil I 1 b cc.

[13] BVerfGE 8, 274 (301).

[14] Vgl. oben Zweiter Teil I 1 c.

[15] BGH NJW 1958, 1772; *Flume*, Das Rechtsgeschäft § 32, 2 c; *Larenz*, Allg. Teil § 29 II b. Bedenken gegen die Unteilbarkeit der versprochenen Leistungen im gegenseitig verpflichtenden Vertrag bei *Pawlowski*, Rechtsgeschäftliche Folgen nichtiger Willenserklärungen S. 175 f.

[16] *Larenz* S. 450.

Ein Interdependenzverhältnis hat z. B. § 433 BGB zwischen Kaufgegenstand (Abs. 1) und Kaufpreis (Abs. 2) statuiert. Ist die Preisvereinbarung nichtig, dann bildet die Bestimmung des Kaufgegenstands
kein Rechtsgeschäft mehr[17]. Umgekehrt erzeugt die Preisvereinbarung
bei fehlender Bestimmbarkeit des Kaufgegenstands (wegen Unteilbarkeit) keine rechtliche Wirkung.

In diesem Zusammenhang sind zwei Gesichtspunkte hervorzuheben:
Gegenseitig verpflichtende Verträge schließen zwei Parteien ab, indem
sie Willenserklärungen über die beiderseitigen Leistungspflichten aus-
tauschen. Das Zustandekommen eines Vertrags setzt das Tätigwerden
zweier Erklärungsurheber voraus, was auch für die Begründung des
gegenseitigen Abhängigkeitsverhältnisses gelten muß: Damit eine Unteilbarkeit wegen Interdependenz angenommen werden kann, müssen
(mindestens) zwei Personen gegenseitig Willenserklärungen abgeben.
Dagegen fehlt z. B. bei einseitigen Rechtsgeschäften diese wesentliche
Voraussetzung für das Vorliegen der gegenseitigen Abhängigkeit: Sie
sind nicht von dem „do-ut-des"-Gedanken geprägt.

Auf der anderen Seite — und diesen Umstand darf man nicht unter-
schätzen — resultiert das wechselseitige Abhängigkeitsverhältnis der
Hauptleistungspflichten mit der Folge der Unteilbarkeit nicht oder nicht
nur aus dem verständlichen Wunsch der Vertragspartner, daß Leistung
nur gegen Leistung versprochen wird, sondern erst daraus, daß die
Rechtsordnung diese Unteilbarkeit durch Normen wie § 433 BGB anerkannt hat. Würde man nämlich die Ursache der fehlenden Teilbarkeit
zwischen Leistung und Gegenleistung in der entsprechenden Verein-
barung der Parteien sehen, so stünde das in Widerspruch zu der These,
daß die Teilbarkeit von Rechtsgeschäften ausschließlich nach objektiven
Kriterien zu bestimmen ist und daß bei dieser Beurteilung etwaige
Vorstellungen der Beteiligten außer Acht bleiben müssen[18]. Sicherlich
will der Verkäufer den Kaufgegenstand nur übereignen, wenn ihm der
Käufer die Zahlung des Kaufpreises wirksam verspricht. Er wird aber
vielleicht darüber hinaus seine Übereignungserklärung nur für den Fall
abgeben wollen, daß zusätzlich eine Beschränkung der Mängelhaftung
wirksam vereinbart worden ist. Seinem ersten Wunsch hat die Rechtsordnung bei Ungültigkeit der Leistungspflicht des Käufers in der Form
Rechnung getragen, daß der Kaufvertrag wegen Unteilbarkeit insgesamt nichtig wird. Die Sittenwidrigkeit der Haftungsklausel führt aber
nicht wegen Unteilbarkeit zur Ungültigkeit des ganzen Vertrags, selbst
wenn der Verkäufer nachweisen kann, daß er sonst das Geschäft nicht
abgeschlossen hätte. Dieser Nachweis ist im Rahmen der Teilbarkeits-

---

[17] *Flume* S. 574.
[18] Dazu RGZ 146, 234 (236) und oben Erster Teil I 4 a.

prüfung unerheblich, er darf nur innerhalb der nächsten Prüfungsstufe verwertet werden: wenn untersucht wird, ob die Parteien den ablösbaren und rechtmäßigen Vertragsteil auch ohne den rechtswidrigen vorgenommen hätten[19].

Der Unterschied zwischen den beiden Beispielsvarianten besteht darin, daß im ersten Fall (Nichtigkeit der Leistungspflicht des Käufers) die Unteilbarkeit durch das positive Recht in § 433 BGB angeordnet wird, während im zweiten Fall (Nichtigkeit der Haftungsbeschränkung) positiv- oder gewohnheitsrechtlich kein Verhältnis wechselseitiger Abhängigkeit zwischen den Leistungspflichten und der vertraglichen Einschränkung der Mängelhaftung vorgesehen ist. Die Folge ist, daß keine Unteilbarkeit vorliegt, solange die Nichtigkeit die Haftungsklausel betrifft. Man kann es auch damit ausdrücken, daß die Vertragsbeteiligten nicht in der Lage sind, ein Interdependenzverhältnis zwischen ihren Vereinbarungen herzustellen, wo die Rechtsordnung es nicht anerkennt. Die gegenseitige Abhängigkeit steht nicht zur Disposition der Parteien, sondern kann nur durch übergeordnetes (und zwingendes) Recht vorgesehen werden.

bb) Zwischen Gesetzesteilen

Wer das Verhältnis wechselseitiger Abhängigkeit auch zwischen Gesetzesteilen aufstellt, muß beachten, daß die Situation gegenüber Verträgen eine ganz andere ist. Gesetze im materiellen Sinn sind nämlich Akte des Gesetzgebers, also eines (staatlichen) Organs, gleichgültig ob die Zuständigkeit jeweils durch ein Kollegium[20] oder nur durch eine Person[21] ausgeübt wird: Denn das Organ entscheidet immer *in einer Person*. Selbst wenn im Gesetz die Vorstellungen mehrerer Mitglieder der kollektiven Legislativinstanz Ausdruck gefunden haben, handelt es sich nicht um ausgetauschte Willenserklärungen mehrerer Parteien wie beim gegenseitig verpflichtenden Vertrag, sondern um *eine* Willenserklärung mit mehreren Bestandteilen, die als Einheit dem gesetzgebenden Organ und nicht der entscheidenden Mehrheit zuzurechnen ist. Kollektive Erklärungen — wie z. B. der Beschluß eines Gesetzes

---

[19] Schließlich werden beide Wünsche des Verkäufers berücksichtigt, jedoch in verschiedenen Prüfungsstadien: Die Unwirksamkeit der Leistungspflicht des Käufers macht den Kaufvertrag wegen Unteilbarkeit nichtig. Dagegen bedeutet die Sittenwidrigkeit der Haftungsklausel keine Unteilbarkeit, sondern kann ergeben, daß der rechtmäßige Vertragsrest ohne den nichtigen Teil nicht zustandegekommen wäre (§ 139 BGB).

[20] Gemäß Art. 77 Abs. 1 Satz 1 GG werden die Bundesgesetze vom Bundestag beschlossen.

[21] Gemäß Art. 80 Abs. 1 Satz 1 GG kann neben der Bundesregierung und den Landesregierungen jeder Bundesminister ermächtigt werden, eine Rechtsverordnung zu erlassen.

durch den Bundestag oder ein Landesparlament — sind keine gegenseitigen Erklärungen[22]. Demnach fehlt es an einer wesentlichen Voraussetzung für die Annahme eines Interdependenzverhältnisses zwischen Gesetzesteilen, weil darüber keine Willenserklärungen ausgetauscht werden.

Bevor daraus die Konsequenz gezogen und die Möglichkeit, daß Regelungsabschnitte voneinander (wechselseitig) abhängig sind, abgelehnt wird, ist daran zu denken, daß das übergeordnete Recht ein Interdependenzverhältnis zwischen Teilen des untergeordneten Gesetzes vorschreiben kann. Es erscheint denkbar, daß z. B. der Gesetzgeber in seiner Ermächtigungsnorm zum Erlaß von Rechtsverordnungen die zu regelnden Materien in einer Form aufgezählt hat, welche zur Totalnichtigkeit der Verordnung wegen Unteilbarkeit führt, wenn sich die Verordnungsvorschriften über *eine* Materie als ungültig herausstellen. Aber auch das Grundgesetz enthält Normen, die gerade in dieser Beziehung aufschlußreich sind.

Art. 14 Abs. 3 Satz 2 GG ordnet an, daß eine Enteignung nur durch Gesetz oder auf Grund eines Gesetzes erfolgen darf, das gleichzeitig Art und Ausmaß der Entschädigung regelt. Der Relativsatz — allgemein als „Junktimklausel" bezeichnet[23] — verpflichtet die Legislative, im nachkonstitutionellen Gesetz[24] neben den Enteignungsvoraussetzungen auch Art und Ausmaß der Entschädigung zu regeln.

Gemäß Art. 106 Abs. 3 Satz 1 GG gehören die Einkommen-, die Körperschaft- und die Umsatzsteuer zu den sog. Gemeinschaftsteuern. Während am Aufkommen der Einkommen- und der Körperschaftsteuer der Bund und die Länder je zur Hälfte beteiligt sind (Art. 106 Abs. 3 Satz 2 GG), werden die Anteile von Bund und Ländern an der Umsatzsteuer durch zustimmungsbedürftiges Bundesgesetz festgesetzt (Art. 106 Abs. 3 Satz 3 GG). Die letzte Vorschrift ist so zu verstehen, daß der Bundesgesetzgeber gezwungen ist, die Anteile von Bund und Ländern am Umsatzsteueraufkommen in einem Gesetz zu bestimmen.

---

[22] Es soll allerdings nicht die Tatsache verkannt werden, daß die erforderliche Mehrheit für manche Gesetzesvorlagen nur durch Kompromisse in einer Weise erreicht wird, welche an die Parteiverhandlungen vor Vertragsschluß erinnert. Der Unterschied liegt m. E. darin, daß Gesetze das Ergebnis einer „do-ut-des"-Prozedur sein können, aber nicht — wie Verträge — im „do-ut-des"-Verfahren beschlossen werden. Es widerstrebt herkömmlichen Vorstellungen, das Zustandekommen von Verträgen und Gesetzen insoweit auf die gleiche Stufe zu stellen.

[23] Der Begriff ist auf *Ipsen*, VVDStRL 10 (1951), 74 (78, 93), zurückzuführen. Vgl. auch *Kimminich*, Bonner Kommentar Rdnr. 132 zu Art. 14 GG, *Maunz* in *Maunz-Dürig-Herzog*, GG Rdnr. 125 zu Art. 14 und *Schmidt-Bleibtreu* in *Schmidt-Bleibtreu/Klein*, GG Rdnr. 14 zu Art. 14.

[24] BVerfGE 4, 219 (236 f.); *Ipsen* S. 97 f.; *Kimminich* Rdnr. 132; *Maunz* Rdnr. 125.

Zwischen den Enteignungs- und den Entschädigungsnormen eines Gesetzes sowie zwischen dem Abschnitt über den Bundesanteil und dem Abschnitt über den Länderanteil des Gesetzes nach Art. 106 Abs. 3 Satz 3 GG könnte man ein gegenseitiges Abhängigkeitsverhältnis mit der Folge der Unteilbarkeit konstruieren. Ist die Enteignungsregelung nichtig, weil z. B. die Enteignung nicht dem Allgemeinwohl, sondern nur privaten Interessen dient (Verletzung des Art. 14 Abs. 3 Satz 1 GG), so werden auch die Entschädigungsbestimmungen von der Ungültigkeit erfaßt, weil sie isoliert keinen vernünftigen Sinn behalten. Dieses (einseitige) Abhängigkeitsverhältnis wurde nach Einführung des Grundgesetzes durch die Junktimklausel des Art. 14 Abs. 3 Satz 2 GG zu einem wechselseitigen Abhängigkeitsverhältnis: Wenn die Entschädigungsnorm verfassungswidrig und nichtig ist, weil sie z. B. die Interessen der Allgemeinheit und der Beteiligten nicht gerecht abgewogen hat (Verletzung des Art. 14 Abs. 3 Satz 3 GG), muß das Rechtssatzkontrollorgan die Nichtigkeit des ganzen Enteignungsgesetzes deklarieren. Für die Totalkassation wegen Unteilbarkeit kommt es nicht darauf an, ob die Enteignungs- oder die Entschädigungsregelung des nachkonstitutionellen Gesetzes rechtswidrig ist: Bei Nichtigkeit der Enteignungsregelung wird auch die Entschädigungsregelung, bei Nichtigkeit der Entschädigungsregelung auch die Enteignungsregelung wegen fehlender Teilbarkeit nichtig. Entsprechend wäre beim Bundesgesetz nach Art. 106 Abs. 3 Satz 3 GG zu argumentieren, wenn sich einer seiner beiden Teile als ungültig herausstellt.

Zur Gesamtnichtigkeit kommt man in beiden Fällen, wenn man ein Verhältnis gegenseitiger Abhängigkeit zwischen den genannten Gesetzesteilen bejaht. Das gleiche Ergebnis wird aber auch von einer zweiten Begründung getragen: In der isolierten Regelung über die Enteignung oder über den Anteil des Bundes am Umsatzsteueraufkommen liegt ein selbständiger Verfassungsverstoß. Ein Enteignungsgesetz ohne Entschädigungsabschnitt sowie das Bundesgesetz gemäß Art. 106 Abs. 3 Satz 3 GG ohne Vorschriften über den Länderanteil *sind* wegen Verletzung von Art. 14 Abs. 3 bzw. Art. 106 Abs. 3 Satz 3 GG verfassungswidrig und nichtig. Sie *werden* es nicht *erst* wegen Unteilbarkeit, falls die Entschädigungs- oder die Länderanteilregelung nichtig sind. Der Unterschied ist nicht zu verkennen, weil die Ungültigkeit sich bei Unteilbarkeit auf Teile erstreckt, die für sich gesehen rechtmäßig sind, während die zweite Begründung diese Ungültigkeit aus einem selbständigen Grundgesetzverstoß herleitet.

Das BVerfG scheint die zweite Begründung vorzuziehen. Es hält nämlich Enteignungsgesetze wegen Verletzung der Junktimklausel für verfassungswidrig und nichtig, wenn sie nach Inkrafttreten des Grundgesetzes erlassen worden sind und die Entschädigung nicht in einer dem

Art. 14 Abs. 3 GG entsprechenden Weise regeln[25]. Diese Auffassung entspricht am besten der Bedeutung, die dem Art. 14 Abs. 3 Satz 2 GG schon frühzeitig beigemessen wurde: Man bezeichnete die „Entschädigungsregelung als Gültigkeitsvoraussetzung des Enteignungsgesetzes"[26].

cc) Ergebnis

Das Verhältnis der Interdependenz zwischen Gesetzesteilen mit der Folge der Unteilbarkeit kommt bei Gesetzen grundsätzlich nicht vor. Es darf ausnahmsweise dort angenommen werden, wo höherrangige Bestimmungen ein solches Verhältnis zwischen Normen des untergeordneten Rechts geradezu anordnen. Das Grundgesetz enthält jedenfalls für Fälle dieser Art keine eindeutigen Beispiele.

2. Entscheidungsmerkmal: Der Wille des Erklärungsurhebers

Die Bestimmung des Merkmals, das über das Schicksal des teilnichtigen und teilbaren Gesetzes entscheidet, bereitet keine großen Schwierigkeiten. Im Prinzip wird auch hier auf den Willen des Erklärungsurhebers (= Gesetz-, Verordnungs-, Satzungsgeber) abzustellen sein. Die nähere Umschreibung dieses Willens wird allerdings in der Regel kompliziert sein. Der Gesetzgeber[27] überlegt sich vor oder bei Erlaß seines Akts nicht detailliert, welche Normen er ohne die anderen beschlossen hätte. Läßt sich — ausnahmsweise — ein wirklicher Wille feststellen, so wird er die Entscheidung über totale oder nur partielle Kassation in optimaler Weise erleichtern.

a) Der hypothetische Wille

Wo konkrete Vorstellungen des Gesetzgebers nicht zur Verfügung stehen, wird man mit dem mutmaßlichen Willen zu arbeiten haben, und mutmaßlich ist der „vernünftige" Wille. Diese unbestimmte Formel entstammt dem bürgerlichen Recht und erhält dort zu ihrer Konkretisierung einen objektiven Einschlag: Der hypothetische Parteiwille wird

---

[25] BVerfG S. 219 Leitsatz 1 und S. 236.

[26] So vor allem *Ipsen* S. 78, der seine Ansicht auf einen Vergleich zwischen Art. 153 WRV und Art. 14 GG stützt: Während der Geltung des Art. 153 WRV konnte die Entschädigung im Entschädigungsprozeß durch Richterspruch nachgeschoben werden, selbst wenn das Enteignungsgesetz keine Entschädigung vorsah. Die Aufnahme der Junktimklausel in das Grundgesetz mußte als Absage an die Verfassungspraxis der Weimarer Zeit verstanden werden, obwohl die Materialien darüber keine klare Auskunft geben. Vgl. auch *Ipsen* NJW 1963, 1377.

[27] Der Begriff wird repräsentativ für jedes gesetzgebende Organ gebraucht.

mit Hilfe von Treu und Glauben unter Beachtung der Verkehrssitte (§§ 133, 157, 242 BGB) ermittelt[28].

Im Bereich teilnichtiger Rechtssätze haben Kriterien wie „Treu und Glauben" oder „die Verkehrssitte" keine Aussagekraft. Hier kann jedoch als legitimer Anhaltspunkt für die Frage der Restgültigkeit vor allem die Möglichkeit der — wenn auch begrenzten — Erreichung der Normzwecke durch den gültigen Teil herangezogen werden. Die Normzwecke sind kein willensunabhängiger Gesichtspunkt, weil sie sich primär nach den gesetzgeberischen Intentionen richten[29]. Sie sind aber nicht ausschließlich willensabhängig, da im Laufe der Rechtssatzgeltung eine ratio zugrunde gelegt werden kann, die das Legislativorgan übersehen hat oder bei Normerlaß nicht berücksichtigen konnte[30].

b) Utile per inutile non vitiatur

Der vernünftige Wille des Gesetzgebers wird sich in den meisten Teilnichtigkeitsfällen feststellen lassen und für Gesamtnichtigkeit oder teilweise Aufrechterhaltung sprechen. Es ist jedoch denkbar, daß das Normprüfungsorgan die Untersuchung nach den Vorstellungen des Gesetzgebers nicht mit einem klaren Ergebnis für eine der möglichen Folgen partieller Ungültigkeit abschließen kann. In diesen Fällen bestehen keine Bedenken dagegen, nach dem gemeinrechtlichen Grundsatz „utile per inutile non vitiatur" zu entscheiden und den teilbaren Rechtssatz für teilnichtig zu erklären. Dessen Bedeutung darf nicht überschätzt werden: Es steht nicht die von ihm angeordnete Restwirksamkeit im Vordergrund, vielmehr bestimmt primär der Wille des Erklärungsurhebers das Schicksal der partiell nichtigen Norm. Erst wenn sich dieser Wille unter keinen Umständen konkretisieren läßt, greift gemeinrechtskonform Restgültigkeit ein.

Eine ähnliche Lösung wird überwiegend bei § 139 BGB vertreten[31] und stellt eine Verbindung zwischen dem gemeinrechtlichen Prinzip und dem Versuch des BGB, durch § 139 BGB mit der Tradition zu brechen, her. Letzteres ist den BGB-Vätern nicht gelungen, sie haben aber mit ihrem Bekenntnis zum Parteiwillen durchgesetzt, daß eine Gewichtsverlagerung entstanden ist und den subjektiven Vorstellungen der Erklärungsurheber der Vorrang vor jeder Gesamtnichtigkeits- oder Restgültigkeitsmaxime gebührt. Damit sind über die Rechtsgeschäfte hinaus Maßstäbe für die Teilnichtigkeit von Rechtsakten gesetzt wor-

---

[28] Vgl. oben Erster Teil I 4 b.
[29] *Larenz*, Methodenlehre S. 311 f.; *Zippelius*, Jur. Methodenlehre S. 58.
[30] *Larenz* S. 333; *Zippelius* S. 28 ff.
[31] Vor allem *Soergel-Siebert-Hefermehl*, BGB Rdnr. 1 zu § 139.

den. Das Verdienst des § 139 BGB war die Betonung des Willens des Erklärungsurhebers. Mit diesem Verständnis kann die Bestimmung Allgemeingeltung beanspruchen.

3. „Gebundene" Rechtssätze

Eine andere Beurteilung ist notwendig, wenn die Regelung, die sich als teilnichtig und teilbar herausstellt, in Erfüllung eines bindenden höherrangigen Normauftrags ergangen ist. Der rechtmäßige Teil teilnichtiger gebundener Verwaltungsakte bleibt aufrechterhalten, wenn er von Gesetzes wegen hätte so erlassen werden müssen. Wille und Vorstellungen der zuständigen Exekutivorgane werden nicht berücksichtigt, weil sie naturgemäß das Schicksal partiell ungültiger Verwaltungsakte (nur) dort bestimmen, wo deren Erlaß in das Ermessen der Verwaltung gestellt ist[32]. Besteht kein Ermessen, dann kommt es auf den Willen des übergeordneten Gesetzes an, welches die Behörde zu einem konkreten Handeln verpflichtet.

Ähnlich wie bei gebundenen Verwaltungsakten der Wille des Gesetzes wird bei gebundenen Rechtssätzen der übergeordnete Normwille den Willen des „Beauftragten" überragen, so daß der (teilbare) auftragskonforme Rest aufrechtzuerhalten ist, wenn er anweisungsgemäß so hätte ergehen müssen. Der Wille des Erklärungsurhebers entscheidet über das Fortbestehen des teilnichtigen und teilbaren Gesetzes, wenn der Erlaß und die Ausgestaltung der Gesetze, das „Ob" und das „Wie" der Gesetzgebung[33], weitgehend von seinem Ermessen abhängen. Wenn dagegen die Bindung an höherrangiges Recht ergibt, daß das partiell rechtmäßige niederrangige Gesetz in dieser Form dem Willen des übergeordneten Verfassungsgebers entspricht, ist der unbedenkliche Teil für gültig zu erklären. Hier ist für die Frage der Teilnichtigkeit nicht der Wille des gebundenen, sondern der Wille des bindenden Organs maßgeblich[34].

---

[32] Vgl. oben Erster Teil II 3 c.

[33] Dazu *Maunz-Dürig* in *Maunz-Dürig-Herzog*, GG Rdnr. 118 f. zu Art. 20; vgl. auch *Lenz* in *Hamann/Lenz*, GG Einführung S. 92 ff.

[34] Dieser Gedankengang ist auch in der umfangreichen Rechtsprechung des BVerfG zu Art. 3 Abs. 1 GG enthalten: Hat der Gesetzgeber unter Verletzung des Gleichheitssatzes unterlassen, eine Personengruppe in seine begünstigende Regelung aufzunehmen, so darf das BVerfG die Gleichheit nicht in der Art wiederherstellen, daß es die Vergünstigung auf die übergangene Gruppe ausdehnt, weil es damit der Entscheidung der Legislative vorgreifen würde. „Etwas anderes gilt nur, wenn mit Rücksicht auf einen zwingenden Verfassungsauftrag oder nach den sonstigen Umständen des Einzelfalles nur diese eine Möglichkeit zur Beseitigung des Verfassungsverstoßes in Betracht kommt", so BVerfGE 22, 349 (362).

Diese Ausnahme ist systemgerecht, bleibt aber eine Ausnahme, weil das Grundgesetz, ebenso wie die Landesverfassungen, das Regelungsermessen der Legislative in erheblichem Umfang respektiert[35]. Zwar ist die Entscheidungsfreiheit des (einfachen) Gesetzgebers durch die Verfassung beschränkt (Art. 1 Abs. 3 und 20 Abs. 3 GG); diese Bindung bedeutet, daß der Gesetzgeber bei Erlaß seiner Akte diese Verfassung zu beachten hat. Das Grundgesetz gebietet der Legislativgewalt in aller Regel nicht, *daß* und *wie* sie handeln muß, sondern es setzt der Gewaltausübung Grenzen, es schreibt verbindlich vor, was der Gesetzgeber — bei Androhung der Unwirksamkeit seines Akts — nicht tun darf[36]. Durch die Verfassungsbindung wird das gesetzgeberische Ermessen nicht ausgeschlossen, sondern nur begrenzt, so daß dem einfachen Gesetzgeber als Erklärungsurheber die Entscheidung über die partielle Aufrechterhaltung seines teilnichtigen und teilbaren Akts zusteht. Nur dort, wo aus dem Grundgesetz für bestimmte Gesetze ein Ausschluß des Legislativermessens folgt, ist die Entscheidung auf einer höheren Ebene, auf der Ebene des Verfassungswillens zu suchen[37].

4. Objektive Auslegungsmethode und Teilnichtigkeit

Die analoge Anwendung des § 139 BGB bei partiell ungültigen Gesetzen ist in neuester Zeit mit dem Argument bezweifelt worden, daß das Teilnichtigkeitsproblem ähnlich wie die Frage nach der Auslegung von Gesetzen zu lösen sei[38]. Das BVerfG hat sich für die objektive Interpretationsmethode ausgesprochen: Ausschlaggebend sind nicht die subjektiven Vorstellungen der am Gesetzgebungsverfahren beteiligten Organe, sondern der in einer Norm zum Ausdruck kommende objektivierte Wille des Gesetzgebers. Die Gesetzesmaterialien können ein durch die objektive Auslegungsmethode gewonnenes Ergebnis bestätigen, nicht aber in Frage stellen[39]. Dem gleichen Prinzip soll auch bei

---

[35] Zum gesetzgeberischen Ermessen außerhalb von Art. 3 Abs. 1 vgl. BVerfGE 4, 96 (108 f.); 6, 84 (95 ff.); 7, 155 (164); 8, 1 (16); 9, 268 (286); 10, 354 (371); 11, 203 (215); 13, 237 (241); 16, 147 (174 f.); 18, 257 (273); 20, 312 (317); 21, 73 (79) und 139 (146); 22, 49 (78); 27, 18 (28); 30, 250 (262 ff.).

[36] *Maunz-Dürig* Rdnr. 118; *Ekkehart Stein*, Lehrbuch des Staatsrechts S. 62.

[37] Es ist schwierig, Beispiele für eine solche Bindung aus dem Grundgesetz herzuleiten. Einem bindenden Auftrag, dem noch rechtzeitig durch das „Gesetz über die rechtliche Stellung der nichtehelichen Kinder" vom 19. August 1969 (BGBl. I S. 1243) entsprochen worden ist (vgl. BVerfGE 25, 167 ff.) enthält Art. 6 Abs. 5 GG. Leichter vorstellbar ist, daß im Bereich Gesetz-Verordnung die Vorstellungen des Verordnungsgebers zurücktreten, wenn die Ermächtigungsgrundlage den Inhalt der Rechtsverordnung weitgehend bestimmt (Art. 80 Abs. 1 Satz 2 GG) und diese zum Teil nichtig sowie teilbar ist.

[38] *Maunz* in *Maunz-Dürig-Herzog*, GG Rdnr. 42 ff. zu Art. 93.

[39] BVerfGE 1, 299 (312); 8, 274 (307); 10, 234 (244); 11, 126 (130 f.); 13, 261 (268); 16, 82 (88); 18, 38 (45); 20, 283 (293); *Peter Schneider* VVDStRL 20 (1961), 1 (12).

teilnichtigen Gesetzen der Vorzug gegeben werden: Es sei zu prüfen, ob der verbleibende Rest noch ein vernünftiges Ganzes darstelle, und nicht, ob der Gesetzgeber den rechtmäßigen Teil bei Kenntnis der partiellen Rechtswidrigkeit erlassen hätte[40]. Man könnte sogar weitergehen und einwenden: Wenn im Rahmen der Untersuchung über die Teilnichtigkeit auf den wirklichen bzw. mutmaßlichen Willen des Gesetzgebers abgestellt werde, stehe das in Widerspruch zur objektiven Interpretationsmethode.

Geht man methodisch exakt vor, so ist der Einwand nicht berechtigt: Die Teilnichtigkeitsfrage bildet die dritte, die Auslegung von Prüfungsgegenstand und Prüfungsmaßstab die erste Stufe des Normenkontrollverfahrens. Über totale oder partielle Kassation wird zu einem Zeitpunkt entschieden, wo die Interpretationsergebnisse bereits vorliegen, welche — folgt man dem BVerfG — unter starker Berücksichtigung des Willens des Gesetzes ermittelt worden sind[41].

Darüber hinaus gibt es keinen zwingenden Grund für eine Gleichbehandlung der Auslegungs- und der Teilnichtigkeitsfrage. Es mag darin eine gewisse Konsequenz liegen, jedoch ist der Schluß von der objektiven Gesetzesauslegung auf die objektive Teilnichtigkeitslösung aus zwei Erwägungen nicht überzeugend: Zunächst hat das BVerfG seinen Interpretationsstandpunkt oft relativiert und der Entstehungsgeschichte von Vorschriften zunehmend Beachtung geschenkt[42]. Auf der anderen Seite mag es vielleicht noch angehen, bei der Sinnermittlung von Gesetzen der Meinung des erlassenden Organs keine so große Bedeutung beizulegen. Kaum vertretbar erscheint allerdings, daß sein Akt ohne Rücksicht auf seine Vorstellungen aufrechterhalten wird. Aus der Tatsache, daß die Frage, *wie* das Gesetz Anwendung findet, nach einer nicht unbestrittenen Ansicht objektiv zu bestimmen ist, darf nicht geschlossen werden, daß auch die Frage, *ob* ein Gesetz zum Teil weiter anwendbar bleibt, einer ausschließlich objektiven Betrachtungsweise unterworfen wird. Die streng objektive Interpretationsmethode wird mit dem zutreffenden Hinweis angegriffen, sie komme nicht daran vorbei, daß das Gesetz ein Werk des Gesetzgebers und als solches mit dessen Vorstellungen behaftet sei[43]. Umso mehr muß dieser Einwand gegen eine Methode erhoben werden, welche bei der Schicksalsbestimmung des teilweise nichtigen Gesetzes die Vorstellungen des Gesetzgebers völlig ignoriert.

---

[40] *Maunz* Rdnr. 43.
[41] Vgl. oben I 1.
[42] Vgl. vor allem aus der neueren Rechtsprechung BVerfGE 28, 21 (33 f.); 29, 125 (139 ff.) und 348 (367); 30, 149 (160 f.) und 140 (144 ff.).
[43] *Larenz*, Methodenlehre S. 298.

5. Vorteile

Der hier gemachte Vorschlag würde auf eine Kurzformel gebracht folgendermaßen lauten: Über die Aufrechterhaltung eines teilnichtigen und teilbaren Gesetzes entscheidet der Wille des Gesetzgebers. Lassen sich konkrete Vorstellungen nicht feststellen, so ist der hypothetische Wille zu erforschen. Die übrigbleibenden Zweifelsfälle werden nach dem Rechtssatz „utile per inutile non vitiatur" gelöst.

a) Gewaltenteilungsprinzip

Die Behandlung teilnichtiger Gesetze und Gesetzesnormen in Analogie zu § 139 BGB trägt dem Grundsatz der Gewaltenteilung gebührend Rechnung. Der einer Verfassungsänderung (Art. 79 Abs. 3 GG) entzogene Art. 20 Abs. 2 Satz 2 GG zerlegt die Staatsgewalt, die als solche nicht teilbar ist[44], hinsichtlich ihrer Ausübung in die traditionellen drei Gewalten[45]. Die Aufteilung bezweckt, die staatliche Gewaltausübung durch wechselseitige Kontrolle in verfassungsmäßig bestimmter Weise zu begrenzen: Gewaltenteilung ist Gewaltentrennung im Sinne einer Gewaltenhemmung[46].

Eine starre Gewaltentrennung ist im Grundgesetz nicht durchgeführt[47]; sie ist auch entbehrlich, weil sonst die gegenseitige Kontrolle nicht erreicht werden kann. Art. 20 Abs. 2 Satz 2 GG besagt, daß Eingriffe einer Gewalt in den Kernbereich einer anderen zur Erweiterung des eigenen Tätigkeitskreises unzulässig sind. Der Kernbestand der zugewiesenen Befugnisse muß unangetastet bleiben[48].

Indem man den Willen des Gesetzgebers über Gesamtnichtigkeit oder Restgültigkeit entscheiden läßt, begegnet man optimal der Gefahr, daß die Rechtsprechung[49] die Grenzen ihres verfassungsrechtlich zulässigen

---

[44] v. Mangoldt-Klein, GG Anm. V 4 d zu Art. 20; Maunz-Dürig in Maunz-Dürig-Herzog, GG Rdnr. 76 zu Art. 20.

[45] Wolff, Verwaltungsrecht I § 16 II a; Maunz-Dürig Rdnr. 76.

[46] v. Mangoldt-Klein Anm. V 5 b; Maunz-Dürig Rdnr. 78; Klein in Schmidt-Bleibtreu/Klein, GG Rdnr. 14 zu Art. 20.

[47] BVerfGE 30, 1 (28).

[48] BVerfGE 3, 225 (247 f.); BVerwGE 7, 294 (295 f.); v. Mangoldt-Klein Anm. V 5 b; Maunz-Dürig Rdnr. 79 und 81.

[49] Normverwerfungsorgane sind Rechtsprechungsorgane, vgl. Art. 100 Abs. 1 GG sowie Art. 68 Abs. 1 Nr. 2 und 3 Verfassung Baden-Württemberg, Art. 65 und 98 Satz 4 Verfassung Bayern, Art. 142 Verfassung Bremen, Art. 65 Abs. 2 Nr. 2 und 4 Verfassung Hamburg, Art. 132 und 133 Abs. 1 Verfassung Hessen, Art. 42 Abs. 1 Nr. 2 und 3 Verfassung Niedersachsen, Art. 75 Nr. 3 Verfassung Nordrhein-Westfalen, Art. 135 Abs. 1 a Verfassung Rheinland-Pfalz, Art. 99 Verfassung Saarland und Art. 37 Nr. 2 Landessatzung Schleswig-Holstein (Zuweisung gem. Art. 99 GG an das BVerfG). Ob sie mit der Normverwerfung oder Normbestätigung rechtsprechende oder rechtsetzende Aufgaben wahr-

Aufgabenbereichs durch Übergriffe auf Legislativkompetenzen verschiebt. Die Gefahr, daß die rechtsprechenden Organe, welche mit der Rechtssatzprüfung betraut sind, durch Zerstückelung und partielle Aufrechterhaltung von Gesetzen selbst legislatorische Aufgaben wahrnehmen, liegt auf der Hand. Sie wird auf ein Minimum reduziert, wenn der Erklärungsurheber das Schicksal seines teilweise nichtigen Akts bestimmt. Die Rechtslage ist bei Gesetzen und Rechtsgeschäften insoweit vergleichbar: § 139 BGB schließt aus, daß der Richter den Parteien einen Rechtsgeschäftsteil aufzwingt, den sie nicht vorgenommen hätten. Durch seine analoge Anwendung bei teilnichtigen Gesetzen schließt § 139 BGB aus, daß der Normenkontrollrichter dem Gesetzgeber einen Gesetzesteil aufzwingt, den er nicht erlassen hätte.

b) Einheitliche Beurteilung teilfehlerhafter Rechtsakte

Mit der hier vorgeschlagenen Lösung wird andererseits erreicht, daß Rechtsgeschäfte, Exekutivakte und Rechtssätze im Falle ihrer partiellen Fehlerhaftigkeit durch die Betonung des Merkmals „Wille des Erklärungsurhebers" einheitlich unter Zugrundelegung des § 139 BGB beurteilt werden — ein kleiner Beitrag zur Stützung der These, daß zwischen den verschiedenen Rechtsgebieten und Rechtskreisen rechtliche und systematische Gemeinsamkeiten bestehen.

---

nehmen, ist immer noch streitig; vgl. dazu *Bettermann* ZZP 72 (1959), 32 (36 f.) und *Stern*, Bonner Kommentar Rdnr. 32 ff. zu Art. 100 GG (Rechtsprechung) sowie *Wilhelm Henke* Der Staat III (1964), 433 (449 ff.) (Rechtsetzung).

Vierter Teil

Teilnichtigkeit und verfassungskonforme Auslegung

Dem Verhältnis der verfassungskonformen Interpretation einzelner Gesetzesbestimmungen zu ihrer partiellen Ungültigkeitsdeklaration schenken Rechtsprechung und Lehre im Gegensatz zur methodischen Seite der Teilnichtigkeitsfrage zunehmend Beachtung[1]. Der lebhaften Auseinandersetzung ist es zu verdanken, daß der Gesetzgeber mit der Ergänzung des § 79 Abs. 1 BVerfGG durch das 4. Änderungsgesetz zum BVerfGG[2] eine Ungerechtigkeit beseitigt hat: Während früher gegen ein rechtskräftiges Strafurteil die Wiederaufnahme nur betrieben werden konnte, wenn dieses auf einer vom BVerfG für voll- oder teilnichtig erklärten Norm beruhte, steht dem rechtskräftig Verurteilten gemäß § 79 Abs. 1 n. F. BVerfGG die Wiederaufnahme auch dann zu, wenn seine Verurteilung unter Zugrundelegung einer vom BVerfG als mit dem Grundgesetz unvereinbar bezeichneten Auslegung erfolgt ist.

Das Interesse an einer eindeutigen Abgrenzung erklärt sich aus der evidenten praktischen Bedeutung der Frage: Die Aufrechterhaltung eines Gesetzes mittels verfassungskonformer Auslegung steht nach gefestigter Praxis jedem Gericht zu, während eine partielle Nichtigerklärung die Befugnis zur Normverwerfung voraussetzt, welche der Verfassungsgeber nicht jedem Richter für jedes Gesetz gewährt hat. So ist nach Art. 100 Abs. 1 GG die Verwerfung demokratisch legitimierter Bundesgesetze der Nachkriegszeit ausschließlich dem BVerfG vorbehalten.

I. Erscheinungsformen der Teilnichtigkeit

1. Quantitative Teilnichtigkeit

Der unstreitige Fall partieller Ungültigkeitsfeststellung liegt vor, wenn die teilweise Verletzung höheren Rechts zu einer Wortlautredu-

---

[1] *Bachof* DVBl 1951, 13 (15); *Christian Böckenförde*, Die sog. Nichtigkeit verfassungswidriger Gesetze S. 148 f.; *Burmeister*, Die Verfassungsorientierung der Gesetzesauslegung S. 120 ff.; *Eckardt*, Die verfassungskonforme Gesetzesauslegung S. 57 ff.; *Haak*, Normenkontrolle und verfassungskonforme Gesetzesauslegung des Richters S. 295 ff.; *Spanner* AöR 91 (1966), 503 (530 ff.); *Strickrodt* DB 1959, 103 (104).

[2] Vom 21. Dezember 1970 (BGBl. I S. 1765).

zierung des gerügten Gesetzes führt: wenn es im Entscheidungstenor an textlichem Umfang einbüßt. Hier ist die Teilnichtigerklärung durch einen Vergleich des Gesetzestextes vor und nach dem Gültigkeitserkenntnis formal zu erkennen: Er ist *weniger* geworden. Diese problemlose Erscheinungsform partieller Rechtssatzverwerfung kann mit den Stichworten „quantitative Teilnichtigkeit" oder „Teilnichtigkeit durch Textreduzierung" erfaßt werden.

Beispiele für diese Art teilweiser Ungültigerklärung lassen sich aus der Judikatur des BVerfG entnehmen: So hat das Gericht wegen Verletzung des Gleichheitssatzes die partielle Nichtigkeit von § 5 Abs. 3 des württemberg-badischen Gesetzes zur Überführung der bei der politischen Befreiung tätigen Personen in andere Beschäftigungen[3], § 49 Nr. 1 a der Einkommensteuer-Durchführungsverordnung[4] sowie § 29 des Wohngeldgesetzes[5] festgestellt und im Entscheidungstenor den Wortlaut der Bestimmungen um die gleichheitswidrigen Teile reduziert[6]. Das Vorgehen des BVerfG soll durch einen Vergleich der genannten Vorschriften mit der Normenkontrollentscheidung verdeutlicht werden:

a) § 5 Abs. 3 des württemberg-badischen Gesetzes Nr. 917

Der Minister für politische Befreiung kann dem Zusicherungsinhaber an Stelle der in Absatz 1 aufgeführten Möglichkeiten eine Abfindung bewilligen, wenn der Zusicherungsinhaber es beantragt oder die von ihm getroffene Wahl seine Unterbringung wesentlich erschwert.

BVerfGE 4, 219 (Entscheidungsformel auf S. 220)

In § 5 Abs. 3 des Württemberg-Badischen Gesetzes Nr. 917 . . . ist der Satzteil „oder die von ihm getroffene Wahl seine Unterbringung wesentlich erschwert" mit Art. 3 Abs. 1 des Grundgesetzes unvereinbar und daher nichtig.

b) § 49 Nr. 1a Einkommensteuer-DurchführungsVO

Ausgaben zur Förderung staatspolitischer Zwecke können nur abgezogen werden, wenn sie an eine politische Partei, auf deren Wahlvorschlag bei der letzten Wahl zum Bundestag oder zur Volksvertretung eines Landes mindestens ein Abgeordneter gewählt worden ist, oder an eine politische Partei der dänischen Minderheit gegeben werden und . . .

BVerfGE 6, 273 (Entscheidungsformel auf S. 274)

---

[3] BVerfGE 4, 219 ff.; vgl. dazu oben Zweiter Teil I 2 b aa.

[4] BVerfGE 6, 273 ff.; vgl. dazu oben Zweiter Teil I 2 b bb.

[5] BVerfGE 27, 220 ff.; vgl. dazu oben Zweiter Teil I 2 b cc.

[6] Vgl. ferner BVerfGE 3, 19 (19 f.); 4, 331 (332); 7, 111 (111); 11, 30 (31 unter 1.); 12, 205 (207 unter 1.); 13, 261 (262); 14, 19 (20); 15, 153 (153); 17, 38 (39), 269 (270) und 306 (306); 18, 241 (242); 19, 101 (104 unter B.) und 177 (178 unter 2.); 24, 75 (75 f.); 26, 281 (282); 31, 94 (94) und 141 (141). Die Behauptung *Burmeisters,* Die Verfassungsorientierung der Gesetzesauslegung Fn. 487 auf S. 121, das BVerfG hätte zwar mehrfach eine Teilnichtigkeit durch Textreduzierung erwogen, aber in sehr wenigen Fällen durchgeführt, ist demnach unrichtig.

In § 49 Ziffer 1a der Einkommensteuer-Durchführungsverordnung ... verstößt der Satzteil „auf deren Wahlvorschlag bei der letzten Wahl zum Bundestag oder zur Volksvertretung eines Landes mindestens ein Abgeordneter gewählt worden ist, oder an eine politische Partei der dänischen Minderheit" gegen Art. 3 Abs. 1 in Verbindung mit Art. 21 Abs. 1 GG und ist daher nichtig.

c) § 29 Wohngeldgesetz

Ein Wohngeld wird nicht gewährt, wenn der Antragsberechtigte für sich und für die zu seinem Haushalt rechnenden Familienmitglieder Leistungen nach den Bestimmungen des Bundessozialhilfegesetzes oder des Bundesversorgungsgesetzes über die Kriegsopferfürsorge erhält und diese Leistungen dazu bestimmt sind, die Miete oder Belastung für ihre Wohnung ganz oder teilweise aufzubringen.

BVerfGE 27, 220 (Entscheidungsformel)

In § 29 des Wohngeldgesetzes ... sind die Worte „des Bundessozialhilfegesetzes oder" nichtig.

2. Qualitative Teilnichtigkeit

Die teilweise Verwerfung von Rechtsnormen ist aber auch in einer anderen Form denkbar: Der partielle Inhaltsverstoß gegen höherrangiges Recht kann den Anwendungsbereich eines Gesetzes beschränken oder erweitern, ohne daß eine *textliche* Veränderung vorgenommen wird. Diese Art von Teilungültigkeit liegt vor, wenn der Prüfungsgegenstand des Normenkontrollverfahrens eine bestimmte und abgrenzbare rechtswidrige Deutung zuläßt und im Entscheidungstenor *insoweit* für nichtig erklärt wird. Hier büßt das Kontrollobjekt nicht an Wortlaut, sondern an Inhalt ein[7].

a) So hat der Erste Senat des BVerfG in seinem Beschluß vom 8. Juni 1960[8] beide Absätze des § 9 *Personenbeförderungsgesetz*[9] mit zwei „Soweit"-Vorbehalten für nichtig erklärt[10]. Nach dem Gesetz bedurfte jeder Unternehmer des Linien- oder Gelegenheitsverkehrs einer Genehmigung. Die Voraussetzungen für die Erteilung waren in § 9 enthalten:

---

[7] *Spanner* AöR 91 (1966), 503 (531); vgl. auch *Harald Bogs*, Die verfassungskonforme Auslegung von Gesetzen S. 100 ff.

[8] BVerfGE 11, 168 ff. (konkretes Normenkontrollverfhren).

[9] Abs. 1 in der ursprünglichen Fassung vom 6. Dezember 1937 (RGBl. I S. 1319) und Abs. 2 in der Fassung vom 12. September 1955 (BGBl. I S. 573).

[10] Entscheidungsformel auf S. 169: 2. Die Bestimmung in § 9 Absatz 1 des Gesetzes über die Beförderung von Personen zu Lande ..., wonach die Genehmigung nur erteilt werden darf, wenn das Unternehmen den Interessen des öffentlichen Verkehrs nicht zuwiderläuft, ist mit Artikel 12 Absatz 1 des Grundgesetzes unvereinbar und deshalb nichtig, soweit sie sich auf den Gelegenheitsverkehr mit Droschken bezieht. 3. § 9 Absatz 2 dieses Gesetzes ... ist mit Artikel 12 Abs. 1 des Grundgesetzes unvereinbar und deshalb nichtig, soweit er sich auf den Gelegenheitsverkehr mit Droschken und Mietwagen bezieht.

(1) Die Genehmigung darf nur erteilt werden, wenn der Antragsteller zuverlässig ist, die Sicherheit und Leistungsfähigkeit des Betriebes gewährleistet ist und das Unternehmen den Interessen des öffentlichen Verkehrs nicht zuwiderläuft.

(2) Die Genehmigung ist zu versagen, wenn kein Bedürfnis vorliegt.

Das BVerfG hat die Prüfung der Verfassungsmäßigkeit auf den Verkehr mit Droschken und Mietwagen beschränkt, weil diese zwei Formen des Gelegenheitsverkehrs den Gegenstand der Ausgangsverfahren bildeten[11]. Die Heranziehung von Art. 12 Abs. 1 GG und der sog. Drei-Stufen-Lehre[12] verlangten, daß die von § 9 aufgestellten objektiven Zulassungsvoraussetzungen[13] zur Abwehr nachweisbarer oder höchstwahrscheinlich schwerer Gefahren für ein überragend wichtiges Gemeinschaftsgut zwingend geboten sein müßten. Ein solches Gemeinschaftsgut war für die einschneidende Einschränkung des Gelegenheitsverkehrs mit Mietwagen nicht ersichtlich. Deshalb verstießen beide Absätze von § 9 gegen das Grundrecht der Berufsfreiheit und waren nichtig, soweit sie sich auf den Mietwagenverkehr bezogen[14]. Für den Gelegenheitsverkehr mit Droschken kam als überragend wichtiges Gemeinschaftsgut die Existenz und Funktionsfähigkeit dieser Verkehrsart in Betracht, weil die Droschken längst zu den öffentlichen Verkehrsmitteln gehören und in größeren Städten die „wichtigsten Träger individueller Verkehrsbedienung" sind[15]. Das rechtfertigte aber keine Bedürfnisprüfung[16]. Anders verhielt es sich mit § 9 Abs. 1 PBefG: Er konnte bei verfassungskonformer Auslegung für den Gelegenheitsverkehr mit Droschken aufrechterhalten werden. Die Interessen des öffentlichen Verkehrs würden nämlich die Versagung einer Genehmigung tragen, wenn ihre Erteilung zur Übersetzung und zu ruinösem Wettbewerb führen und das Droschkengewerbe in seiner Existenz bedrohen würde[17].

b) Art. 12 Abs. 1 GG war auch Prüfungsmaßstab bei der Teilnichtigerklärung von § 3 Abs. 2 Nr. 1 des *Gesetzes über die Berufsausübung*

---

[11] BVerfG S. 178.

[12] Dazu grundlegend BVerfGE 7, 377 (405 ff.).

[13] Solche waren die Berücksichtigung der Interessen des öffentlichen Verkehrs (Abs. 1) und die Bedürfnisprüfung (Abs. 2).

[14] BVerfGE 11, 168 (187, 190).

[15] BVerfG S. 186.

[16] BVerfG S. 188 f.

[17] BVerfG S. 191. Ein Vergleich der maßgeblichen Entscheidungsgründe mit dem geltenden PBefG vom 21. März 1961 (BGBl. I S. 241) ergibt, daß der Gesetzgeber den höchstrichterlichen Spruch rasch berücksichtigt und voll übernommen hat; vgl. vor allem § 13. Hier wird deutlich, daß die Legislative auf ihr umfassendes Regelungsermessen gern verzichtet, wenn sie die Gewähr hat, daß ihre Akte bestehen bleiben. Gewollt oder ungewollt hat der Erste Senat mit seinem Beschluß den Inhalt des geltenden PBefG vorbestimmt .

im Einzelhandel (EinzelhandelsG)[18]. Gemäß § 3 Abs. 1 war zur Ausübung des Einzelhandels eine Genehmigung erforderlich, die nach Abs. 2 zu versagen war, wenn

1. weder der Unternehmer noch eine zur Vertretung des Unternehmers gesetzlich berufene noch eine von dem Unternehmer mit der Leitung des Unternehmens beauftragte Person die erforderliche Sachkunde nachweisen kann ...

Das EinzelhandelsG differenziert zwischen Einzelhandel mit Lebensmitteln nach § 1 Abs. 1 des Lebensmittelgesetzes, Einzelhandel mit Arzneimitteln und ärztlichen Hilfsmitteln (ausgenommen aus amtsärztlich kontrollierten Drogenschränken) und Einzelhandel mit den übrigen Waren (sog. allgemeiner Einzelhandel)[19]. Das BVerfG hat die Vereinbarkeitsprüfung auf den allgemeinen Einzelhandel beschränkt[20]. Nach seiner Auffassung regele das Gesetz nicht die Berufs*ausübung*, sondern den Zugang zum Beruf und damit die Berufs*wahl*[21]. Deshalb stelle das Erfordernis der Sachkunde nach § 3 Abs. 2 Nr. 1 eine subjektive Zulassungsvoraussetzung dar, die — um unbedenklich zu sein — dem Schutz eines wichtigen Gemeinschaftsguts dienen müsse[22]. Das Gericht meinte, daß diese Berufswahlerschwerung die Leistungsfähigkeit und das soziale Ansehen des Berufsstands erhalten und vergrößern solle, aber nicht den gesetzlich geforderten Nachweis beträchtlicher kaufmännischer Kenntnisse zu rechtfertigen vermöge[23]. So erwies sich § 3 Abs. 2 Nr. 1 insoweit als grundrechtswidrig und nichtig, als er die Aufnahme des Berufs „allgemeiner Einzelhandel" nur bei Nachweis der erforderlichen Sachkunde gestattete[24].

c) Inhaltsverlust ohne textliche Veränderung

In beiden Entscheidungen hat das BVerfG die zur Prüfung gestellten Normen qualitativ für teilnichtig erklärt. Denn sie regelten mehr als

---

[18] BVerfGE 19, 330 ff. Die Entscheidungsformel auf S. 331 lautet: § 3 Absatz 2 Nummer 1 des Gesetzes über die Berufsausübung im Einzelhandel vom 5. August 1957 (Bundesgesetzbl. I S. 1121) ist mit Artikel 12 Absatz 1 des Grundgesetzes unvereinbar und daher nichtig, soweit er den Einzelhandel mit Waren aller Art mit Ausnahme der in § 3 Absatz 3 Satz 2 genannten Waren betrifft.

[19] Diese Unterscheidung findet man in §§ 3 Abs. 2, 4 Abs. 1 und 2 EinzelhandelsG.

[20] BVerfG S. 338 f.

[21] BVerfG S. 337.

[22] BVerfG S. 337 unter Hinweis auf E 7, 377 (406 f.).

[23] Nach § 4 waren für den Nachweis der Sachkunde die Kaufmannsgehilfenprüfung und eine zweijährige praktische Tätigkeit (Abs. 1), eine fünfjährige kaufmännische Tätigkeit (Abs. 3) oder eine besondere Prüfung nach Abs. 4 notwendig. Durch die teilweise Nichtigerklärung von § 3 Abs. 2 Nr. 1 sind diese Bestimmungen gegenstandslos, BVerfG S. 342.

[24] BVerfG S. 342.

das, was das Gericht verworfen hat. § 9 PBefG bezog sich auf den
Linien- und den Gelegenheitsverkehr; er wurde in seinem Absatz 2 nur
hinsichtlich zweier Formen des Gelegenheitsverkehrs, in seinem Absatz 1 nur hinsichtlich des Mietwagenverkehrs als verfassungswidrig
und ungültig angesehen. Der gesamte Linienverkehr und die dritte Art
des Gelegenheitsverkehrs, nämlich der Verkehr mit Ausflugswagen,
blieben unangetastet[25]. § 3 Abs. 2 Nr. 1 EinzelhandelsG umfaßte das gesamte Einzelhandelsgewerbe. Er wurde aber nur insoweit auf seine
Verfassungsmäßigkeit überprüft und für ungültig befunden, als er den
Sachkundenachweise auch für den allgemeinen Einzelhandel verlangte.
Die partielle Nichtigerklärung führte in beiden Fällen zu keiner Textreduzierung. Der Wortlaut der Bestimmungen blieb unangetastet, sie
verloren (nur) an Inhalt. Das geschah, weil sie nicht im Text zwischen
den verschiedenen Erscheinungsformen des Gelegenheitsverkehrs bzw.
des Einzelhandels unterschieden, sondern auf die Generalbegriffe „Gelegenheitsverkehr" und „Einzelhandel" Bezug nahmen. Deswegen war
eine quantitative Teilnichtigerklärung unmöglich: Das BVerfG war gezwungen, im Entscheidungstenor die Ungültigkeitsdeklaration jeweils
mit einem „Soweit"-Vorbehalt zu verbinden[26].

d) Übergang zur verfassungskonformen Auslegung

Die Formulierung des Entscheidungstenors in den referierten Be-
schlüssen läßt den Zusammenhang mit den Entscheidungen, die üblicherweise der verfassungskonformen Interpretation zugerechnet werden, ohne weiteres erkennen. Die Gemeinsamkeit beider Institute liegt
darin, daß keine Textveränderung des gerügten Rechtssatzes vorgenommen wird. Dieser behält seine äußere Form, verliert aber an Inhalt oder
darf in einer bestimmten, verfassungswidrigen Auslegung nicht angewandt werden. Die Frage nach der Abgrenzung drängt sich demnach
geradezu auf. Doch kann sie erst beantwortet werden, nachdem Klarheit über die abzugrenzenden Objekte besteht. Deshalb ist zunächst
unter II. das Gebot verfassungskonformer Interpretation darzustellen
und kritisch zu würdigen.

---

[25] Das BVerfG hat angedeutet (E 11 auf S. 192), daß für den Gelegenheitsverkehr mit Ausflugswagen andere Gesichtspunkte ausschlaggebend sein
könnten.

[26] Vgl. oben Fn. 10 und 18; ferner BVerfGE 7, 320 (320); 8, 51 (52 zu 1.);
9, 268 (268); 12, 296 (297 zu 2.); 13, 31 (31), 206 (206) und 331 (332); 14, 42 (42);
15, 167 (168) und 328 (328); 16, 93 (94) und 203 (204 zu 2.); 17, 122 (123); 18,
52 (53) und 366 (367); 23, 163 (163); 26, 79 (79 f.), 100 (101), 163 (164) und 338
(339); 28, 324 (325); 29, 57 (58 zu 2.), 71 (71) und 283 (285 zu 2.); 30, 1 (3 zu
II 1.) und 367 (368); 31, 275 (276 zu 1.); 32, 1 (2 zu 1 a und b) und 365 (366
zu 2.).

II. Die verfassungskonforme Auslegung

Der Grundsatz der verfassungskonformen Auslegung wurde in der relativ kurzen Zeit seiner Entwicklung von der gesamten Rechtsprechung und dem überwiegenden Teil des Schrifttums begrüßt und gilt heute als gesicherter Bestandteil der bundesdeutschen Rechtsordnung.

Die Prüfung der materiellen Übereinstimmung eines Gesetzes mit der Verfassung schließt die Auslegung des Gesetzes (Kontrollgegenstand) und der Verfassung (Kontrollmaßstab) ein. Besteht über die Aussage des Kontrollmaßstabs Klarheit, läßt dagegen das Kontrollobjekt, das einfache Gesetz, verfassungsmäßige und verfassungswidrige Deutungen zu, so findet das Gebot der verfassungskonformen Auslegung Anwendung: Maßgeblich und richtig ist diejenige Interpretation, bei der die gesetzliche Regelung im Einklang mit dem Grundgesetz steht. Die übrigen, verfassungswidrigen Deutungen werden verworfen.

1. Entwicklung

Im Jahre 1953 hat das BVerfG im Rahmen eines Normenkontrollverfahrens dieses hermeneutische Prinzip anerkannt[27]. Seiner Entscheidung folgte eine imponierende Reihe von Entscheidungen der Bundes- und Landesgerichte[28], welche die Formulierung und Argumentation des BVerfG kritiklos übernahmen und dem Gebot überall Rechnung trugen, so daß heute die verfassungskonforme Auslegung in jedes Verfahren Eingang gefunden hat: Eine Gesetzesbestimmung ist immer so zu interpretieren, daß sie inhaltlich dem Grundgesetz entspricht[29].

Angesichts der Fülle gerichtlicher Erkenntnisse, die eine mehrdeutige Norm verfassungskonform interpretieren, sollte man überzeugende Argumente erwarten, welche diese im positiven Recht nicht verankerte und in der juristischen Methodenlehre bis 1953 weithin unbekannte

---

[27] BVerfGE 2, 266 (281 f.).

[28] Vgl. die erschöpfende Zusammenstellung der Entscheidungen bis 1965 bei *Harald Bogs*, Die verfassungskonforme Auslegung von Gesetzen S. 151—164; ferner BVerfGE 19, 1 (16), 38 (46), 76 (86), 242 (247), 290 (302) und 342 (349 ff.); 20, 150 (160), 283 (293 f.) und 323 (332 ff.); 21, 292 (301 ff.); 22, 180 (208 f., 216 ff.); 23, 327 (348); 25, 199 (211 ff.), 296 (305) und 336 (349); 26, 186 (196 f.), 215 (222 ff.) und 265 (278 f.); 27, 142 (150 ff.); 28, 119 (134); 30, 129 (148); 31, 119 (132); 32, 199 (226) und 373 (383 ff.); BVerwGE 22, 264 (269 f.); BSGE 23, 105 (115); BayVerfGHE 18, 85 (101 f.); 22, 34 (40); OVG Münster AS 22, 151 (163); Hess. VGH ESVGH 17, 235 (243); VGH Rh.-Pf. AS 10, 244 (252).

[29] Vgl. dazu § 1 Abs. 2 des Verfassungsgesetzes über die vorläufige Einrichtung der Republik Österreich vom 1. Mai 1945 (StGBl. Nr. 5), auf den *Spanner* AöR 91 (1966), 503 (509) aufmerksam gemacht hat. Die Bestimmung lautete: Alle Rechtsvorschriften sind im Einklang mit den Grundsätzen der Staatsform einer demokratischen Republik zu gestalten und im Sinne dieser maßgebenden Grundsätze auszulegen.

Auslegungsmaxime sorgfältig begründen. Überrascht stellt man fest, daß die Judikatur sich fast ausnahmslos nicht darum bemüht hat, diesen hermeneutischen Grundsatz rechtstheoretisch zu fundieren. Dagegen hat die Lehre — nach anfänglicher Zurückhaltung — zahlreiche Beiträge geleistet[30]. Auch hier hat das Prinzip viele Freunde gefunden. Diese Tatsache kann indessen nicht darüber hinwegtäuschen, daß die beiden frühzeitig erkannten Schwächen der verfassungskonformen Interpretation, nämlich ihre Rechtfertigung und ihre Einordnung in die herkömmlichen Auslegungsgrundsätze, immer noch nicht überwunden sind. Im Gegenteil: Das Prinzip wird zu Unrecht als unproblematisch empfunden[31].

2. Die Vermutung zugunsten der Verfassungsmäßigkeit von Gesetzen

Die Notwendigkeit der verfassungskonformen Interpretation begründet das BVerfG mit dem Prinzip, eine Gesetzesvorschrift nicht für nichtig zu erklären, wenn sie im Einklang mit der Verfassung ausgelegt werden könne. Denn es spreche nicht nur eine Vermutung dafür, daß ein Gesetz mit dem Grundgesetz vereinbar sei, sondern der in dieser Vermutung zum Ausdruck kommende Grundsatz verlange im Zweifel eine verfassungskonforme Auslegung des Gesetzes[32].

Die knappe Begründung erweckt den Anschein, als ob das BVerfG die Rechtfertigung der hermeneutischen Methode als selbstverständlich voraussetzt und durch seine Entscheidung einem allgemein geltenden Prinzip den längst fälligen Segen erteilt. Davon kann jedoch nicht gesprochen werden: Das Gericht hat nicht ein in Rechtsprechung und Lehre entwickeltes Institut übernommen, sondern ein neues Interpretationsmittel von größter praktischer Tragweite erfunden[33]. Aber das BVerfG gibt keine Begründung und liefert keinen Beweis für die Rechtmäßigkeitsvermutung. Es erklärt auch nicht, warum dieser dubiose Grundsatz in dubio gerade die verfassungsgemäße Auslegung des mehrdeutigen Gesetzes verlangt[34].

---

[30] *Bernd Bender* MDR 1957, 441 ff.; *Harald Bogs*, Die verfassungskonforme Auslegung von Gesetzen; *Burmeister*, Die Verfassungsorientierung der Gesetzesauslegung; *Eckardt*, Die verfassungskonforme Gesetzesauslegung; *Göldner*, Verfassungsprinzip und Privatrechtsnorm; *Haak*, Normenkontrolle und verfassungskonforme Gesetzesauslegung des Richters; *Imboden* in Festschrift für Hans Huber S. 133 ff.; *Michel* JuS 1961, 274 ff.; *Schack* JuS 1961, 269 ff.; *Spanner* AöR 91 (1966), 503 ff.

[31] *Lerche* DVBl 1961, 690 (698 und Fn. 76).

[32] BVerfGE 2, 266 (282).

[33] Vor 1953 lassen sich kaum Entscheidungen finden, die eine Gesetzesbestimmung verfassungskonform auslegen, vgl. *Eckardt* S. 13 m. w. N.

[34] *Michel* S. 274.

Es ist daher nicht erstaunlich, daß die Ansicht des BVerfG in der Literatur auf fast einhellige Ablehnung gestoßen ist[35]. Sie kann in der Tat nicht überzeugen. Der Rechtmäßigkeitsvermutung für Gesetze liegt die empirisch nicht nachweisbare Erwägung zugrunde, daß die Legislativorgane im demokratischen Rechtsstaat ihre durch das Grundgesetz selbst angeordnete Bindung an die Verfassung respektieren und deshalb verfassungsmäßige Gesetze erlassen wollen[36]. Doch kann — wenn überhaupt — eine solche „Vermutung" nur vom nachkonstitutionellen Gesetzgeber beansprucht werden[37]. Gerade vorkonstitutionellen Gesetzen wird aber mit Vorliebe durch die Rechtsprechung im Wege verfassungskonformer Auslegung ein verfassungsmäßiger Inhalt unterlegt[38].

Es kommt hinzu, daß Rechtsnatur und Inhalt der Vermutung unklar bleiben. Im Grunde kann die Vermutung zugunsten der Verfassungsmäßigkeit von Gesetzen ein Zweifaches bedeuten[39]: Es handelt sich um eine sog. Rechtmäßigkeitsvermutung[40], die besagt, daß der normprüfende Richter, der zwar Zweifel an der Verfassungsmäßigkeit, aber keine Überzeugung von der Verfassungswidrigkeit eines Gesetzes hat, zugunsten der Verfassungsmäßigkeit erkennen muß. Doch ist die Zulässigkeit einer solchen Vermutung fraglich, weil damit offensichtlich

---

[35] Gegen die Begründung des BVerfG wenden sich: *Bernd Bender* MDR 1957, 441; *Harald Bogs,* Die verfassungskonforme Auslegung von Gesetzen S. 21 f.; *Burmeister,* Die Verfassungsorientierung der Gesetzesauslegung S. 92 ff.; *Göldner,* Verfassungsprinzip und Privatrechtsnorm S. 44 f.; *Haak,* Normenkontrolle und verfassungskonforme Gesetzesauslegung des Richters S. 184 ff.; *Michel* JuS 1961, 274.

[36] *Harald Bogs* S. 21; *Haak* S. 190.

[37] *Bernd Bender* S. 442; *Harald Bogs* S. 22; *Burmeister* S. 105; *Haak* S. 198; *Michel* S. 274 f. Der gegenteiligen Ansicht von *Eckardt,* Die verfassungskonforme Gesetzesauslegung S. 40 f., kann nicht gefolgt werden.

[38] Vgl. z. B. BVerfGE 19, 1 (16); 26, 265 (278 f.); BVerwGE 1, 321 (326 f.); 2, 172 (175 ff.) und 295 (299); 4, 250 (256); 6, 119 (124 f.); 7, 304 (315); 9, 78 (80) und 288 (292); BGHSt 3, 392 (395); 13, 102 (116 f.); BSGE 10, 189 (193 f.); OVG Hamburg DVBl 1950, 614 (615).

[39] Dazu mit rechtsvergleichenden Hinweisen *Haak,* Normenkontrolle und verfassungskonforme Gesetzesauslegung des Richters S. 184 ff.; vgl. auch *Harald Bogs,* Die verfassungskonforme Auslegung von Gesetzen S. 21 f.; *Michel* S. 274 f.

[40] Zu diesem Komplex ausführlich *Götz Meder,* Das Prinzip der Rechtmäßigkeitsvermutung S. 56 ff.
Die bekannteste Vermutung im öffentlichen Recht ist die der Gültigkeit von Verwaltungsakten. Im Unterschied zur präsumtiven Grundgesetzmäßigkeit von Gesetzen wird hier allerdings nicht die *Rechtmäßigkeit,* sondern die *Gültigkeit* des Exekutivakts vermutet. Das ist etwas ganz anderes und Ausdruck dessen, daß ein fehlerhafter Verwaltungsakt in der Regel bloß anfechtbar und nur ausnahmsweise nichtig ist: Dem mangelhaften Verwaltungsakt kommt bis zu seiner Aufhebung im gerichtlichen Verfahren Verbindlichkeit zu, BVerwGE 1, 67 (69); *Walter Jellinek,* Verwaltungsrecht § 11 II 1; kritisch *Wolff,* Verwaltungsrecht I § 50 I a.

Grundgesetzverletzungen in Kauf genommen werden[41]. Die Vermutung kann aber auch den Sinn einer hohen Wahrscheinlichkeit der Verfassungsmäßigkeit haben und besagen, daß Gesetze im Regelfall grundgesetzkonform sind. Für die verfassungskonforme Auslegung ist jedoch diese „Vermutung" wertlos: Sie ist nämlich widerlegt, wenn die mehrdeutige Bestimmung eine Interpretation zuläßt, die zweifelsfrei gegen die Verfassung verstößt[42].

3. Die Einheit der Rechtsordnung

Größeres Gewicht kommt der These zu, welche den Nachweis für die Berechtigung der verfassungskonformen Gesetzesauslegung mit dem Gedanken der Einheit der Rechtsordnung führen will[43]. Der bayerische Verfassungsgerichtshof ist als einziges Gericht in seiner Begründung nicht der Argumentation des BVerfG gefolgt, sondern hat in ständiger Rechtsprechung folgenden Leitsatz aufgestellt: Das Rechtssystem des Staates bildet eine Einheit, die von der Verfassung und den in ihr enthaltenen Prinzipien beherrscht wird. Aus diesem Grund ist nur eine solche Auslegung gesetzlicher Bestimmungen zulässig, die mit der Verfassung im Einklang steht, nicht aber eine solche, die ihr widerspricht[44].

Die Literatur hat das Stichwort „Einheit des Rechtssystems" dankbar aufgenommen und den Zusammenhang mit der Theorie vom Stufenbau der Rechtsordnung hergestellt[45]. Nach dieser von *Kelsen* und *Merkl* begründeten Lehre soll die Rechtsordnung nicht aus gleichgeordneten, nebeneinanderstehenden Normen bestehen, sondern eine Stufenord-

---

[41] *Michel* JuS 1961, 274. Gegen diese Vermutungsart spricht auch, daß sie das durch Art. 100 GG garantierte richterliche Prüfungsrecht in bedenklicher Weise einschränkt. Denn der Richter darf sich nicht mit Zweifeln an der Vereinbarkeit eines Rechtssatzes mit höherrangigem Recht begnügen, sondern muß die Gültigkeitsfrage entscheiden. Wenn er aber nur Zweifel an der Verfassungsmäßigkeit und keine Überzeugung von der Verfassungswidrigkeit hat, nimmt ihm die Vermutung die weitere Prüfung ab. Der Richter prüft nicht weiter, sondern unterstellt dem Gesetzgeber verfassungsmäßiges Handeln. Vgl. dazu *Burmeister*, Die Verfassungsorientierung der Gesetzesauslegung S. 105 f. sowie *Haak* S. 193.

[42] Vgl. *Michel* S. 274.

[43] Auf den interessanten, aber etwas zu theoretischen Versuch *Haaks* S. 109 ff., das Gebot verfassungskonformer Gesetzesauslegung aus der richterlichen Verfassungsbindung herzuleiten, soll hier nicht näher eingegangen werden. Diese Ansicht hat sich nicht durchsetzen können. Vgl. dazu *Burmeister* S. 77 ff. und 80 ff.

[44] BayVerfGHE 5, 19 (29) und 41 (54); 10, 101 (113).

[45] *Harald Bogs*, Die verfassungskonforme Auslegung von Gesetzen S. 22 f.; *Imboden* in Festschrift für Hans Huber S. 133 (138) mit Nachweisen aus der amerikanischen Verfassungsrechtsprechung; *Michel* JuS 1961, 274 (276); *Obermayer* NJW 1966, 1885 (1888); *Schmidt-Salzer* DöV 1969, 97 (98); *Erwin Stein* NJW 1964, 1745 (1750).

nung mit verschiedenen Schichten bilden[46]. Die Normschichten sollen in einem Über- und Unterordnungsverhältnis stehen. Das Recht regele nämlich seine eigene Erzeugung in der Weise, daß Rechtsvorschriften der höheren Stufe das Verfahren, in dem Normen niedrigeren Ranges erzeugt werden, und bis zu einem gewissen Grade auch den Inhalt dieser Normen bestimmen. „Die Beziehung zwischen der die Erzeugung einer anderen Norm regelnden und der bestimmungsgemäß erzeugten Norm kann in dem räumlichen Bild der Über- und Unterordnung dargestellt werden. Die die Erzeugung regelnde ist die höhere, die bestimmungsgemäß erzeugte ist die niedere Norm[47]."

Die Rechtfertigung des Gebots verfassungskonformer Auslegung mit der Theorie vom Stufenbau der Rechtsordnung wird der ursprünglichen Intention der Begründer dieser Lehre nicht gerecht: Sie sind mehr für den logischen und formalen Zusammenhang der verschiedenen Normschichten eingetreten[48]. Die Einheit der Rechtsordnung soll den formalen Zusammenhang aller Rechtsvorschriften verdeutlichen und bewirken, daß sie auf eine gesetzliche Regelung, den letzten Geltungsgrund zurückgeführt werden können. Diese letzte und höchste Rechtsnorm soll die Grundnorm, das Grundgesetz der betreffenden Rechtsordnung sein und nicht den Inhalt der nachgeordneten Vorschriften vorbestimmen, sondern hauptsächlich die Art und Form ihres Zustandekommens regeln. Zwar schließt *Kelsen* nicht aus, daß die höherrangigen Normen den Inhalt der niederrangigen beeinflussen können[49]. Aber die Reine Rechtslehre beschäftigt sich nicht mit dem Rechts*inhalt*, sondern mit dem Rechts*aufbau*. Die sich aus dem Stufenbau der Rechtsordnung ergebende Einheit des Rechts ist eine Einheit im „formal-erkenntnistheoretischen, nicht material-politischen Sinne"[50]. Dieses formal-logische Verständnis der Einheit ist für die Vertreter der Reinen Rechtslehre unentbehrlich, weil sie sonst nicht ihre These von der Gültigkeit gesetzwidriger Urteile, Verwaltungsakte und Verordnungen sowie verfassungswidriger Gesetze aufrechterhalten könnten[51]. Denn wie kann

---

[46] *Kelsen,* Reine Rechtslehre S. 209 ff., 228 ff. und Allg. Staatslehre S. 233 ff.; *Merkl,* Allg. Verwaltungsrecht S. 172 f.

[47] *Kelsen,* Reine Rechtslehre S. 228.

[48] *Larenz,* Methodenlehre S. 74: „Die ‚Reine Rechtslehre' befaßt sich demgegenüber nicht mit den Inhalten, sondern nur mit der logischen Struktur der Rechtsnormen; sie prüft den Sinn, die Möglichkeit und die Grenzen einer rechtlichen Aussage überhaupt (nicht: einer bestimmten rechtlichen Aussage) und die Art und Weise ihres Zustandekommens." Vgl. auch *Mertens* JuS 1962, 261 (263).

[49] *Kelsen* S. 228, 230.

[50] *Kelsen* VVDStRL 4 (1928), 168 (176).

[51] Für *Kelsen* soll die Sanktion für die Verfassungswidrigkeit eines Gesetzes nicht in der Nichtigkeit oder Vernichtbarkeit, „sondern z. B. in der Bestrafung gewisser für die Verfassungsmäßigkeit verantwortlicher Organe" bestehen, S. 175.

ein verfassungswidriges Gesetz gültig und verbindlich sein, wenn die Einheit der Rechtsordnung eine Übereinstimmung der Rechtssätze fordert?

Deshalb bedarf es eines weiteren Schritts, um aus dem Stufenbau der Rechtsordnung das Ideal der materiellen Einheit im Sinne der Übereinstimmung abzuleiten: „Versteht man in Anlehnung an die sog. Stufentheorie die Rechtsordnung als ein System *stufenweise abfolgender Normschichten, die sich stufenweise auf einem Weg zunehmender Individualisierung und Konkretisierung aus der Grundnorm entwickelt,* dann folgt hieraus auch, daß die Normen der höheren Stufe die Normen der unteren Stufe *inhaltlich* bestimmen[52]." Die Einheit des Rechtssystems soll hier die inhaltliche Widerspruchslosigkeit zwischen den verschiedenen Rechtssatzstufen fordern. Ihr dient das Gebot verfassungskonformer Gesetzesinterpretation, weil es durch die Verwerfung der grundgesetzwidrigen Deutung die Übereinstimmung zwischen der Verfassung und dem einfachen Gesetz wiederherstellt.

Der Normenkontrollrichter trägt dem Ideal der materiellen Einheit des Rechtssystems aber auch Rechnung, indem er eine mehrdeutige Bestimmung für unanwendbar erklärt. Denn durch den Nichtigkeitsausspruch wird ebenso wie durch die verfassungskonforme Auslegung die gestörte Widerspruchslosigkeit restituiert. So verbietet die Einheit der Rechtsordnung die verfassungskonträre, sie gebietet jedoch nicht die verfassungskonforme Interpretation[53]. Nach geltendem Recht ist es dem Richter zweifellos nicht erlaubt, seiner Entscheidung die verfassungswidrige Auslegung eines mehrdeutigen Gesetzes zugrundezulegen. Für diese Erkenntnis muß man jedoch nicht die Einheit der Rechtsordnung bemühen; es genügt ein Hinweis auf Art. 1 Abs. 3 und 20 Abs. 3 GG. Warum soll er aber die Einheit verletzen, wenn er die einer verfassungskonformen Interpretation noch zugängliche Rechtsnorm verwirft? Die Einheit des Rechtssystems wäre nur dann in der Lage, ein *Gebot* verfassungskonformer Auslegung zu statuieren, wenn sie neben der inhaltlichen Widerspruchslosigkeit zwischen den verschiedenen Rechtssatzstufen auch die Normerhaltung zum Ziel hätte, was bisher nicht belegt worden ist[54].

---

[52] *Michel* JuS 1961, 274 (276).

[53] Insoweit zutreffend *Michel* S. 275, der allerdings auf S. 276 aus der Einheit der Rechtsordnung neben dem Verbot verfassungskonträrer ein Gebot verfassungskonformer Auslegung gewinnen will.

[54] Nach *Engisch,* der das Prinzip der Einheit der Rechtsordnung mitgestaltet hat, soll daraus ein Gebot der Ausräumung von Widersprüchen innerhalb der Rechtsordnung folgen. Daß der Einheit des Rechtssystems auch ein Grundsatz der Normerhaltung innewohne, hat *Engisch* nicht behauptet. Er vertritt vielmehr die Ansicht, daß ein die Normerhaltung begünstigendes Postulat der *Geschlossenheit* der Rechtsordnung weder logisch noch rechts-

4. Das Verhältnis der verfassungskonformen Auslegung zur juristischen Methodenlehre

Art. 20 Abs. 3 und 97 Abs. 1 GG unterwerfen den Richter dem Gesetz. Die Bindung an das Gesetz schließt aus, daß er Streitfälle nach seinem individuellen Gerechtigkeits- und Billigkeitsempfinden entscheidet[55]. Das meistens abstrakt gefaßte Gesetz läßt oft Zweifel über seinen Inhalt und seine Tragweite offen. Je länger das Gesetz in Kraft ist, umso größer wird das Spannungsverhältnis zwischen dem Gesetzeswortlaut und dem Rechtsleben. Hier bedingt die Rechtsanwendung die genaue Ermittlung des Gesetzesinhalts und, falls das Gesetz oder das Gewohnheitsrecht im Einzelfall keine einschlägige Regelung enthalten, die Auffindung des entsprechenden Rechtssatzes im Wege richterlicher Rechtsfortbildung[56]. Die erste Tätigkeit — Ermittlung des Sinns einer Norm zwecks schlüssiger Anwendung auf den Streitfall — bezeichnet man als *Auslegung*.

a) Methoden und Kriterien der Auslegung

Die wortjuristische Methode lehnt systematische und teleogische Argumente ab und versucht mit Hilfe von grammatikalischen und etymologischen Mitteln mehrdeutige und unbestimmte Worte zu klären[57]. Sie wird wegen ihrer beschränkten Anwendbarkeit nicht den Anforderungen moderner Interpretationsproblematik gerecht: Auslegung ist nicht Wort-, sondern hauptsächlich Normklärung. Diese Normklärung bezweckt die willensjuristische Methode dadurch, daß sie Worte, einzelne Satzteile, Sätze und ganze Vorschriften in einen weiteren Zusammenhang bringt, der nach dem Willen des Gesetzgebers — subjektive willensjuristische Interpretationsmethode — oder nach dem Willen des Gesetzes — objektive willensjuristische Interpretationsmethode — als Wertsystem gilt[58].

---

theoretisch notwendig sei, sondern als *regulative* Idee festgehalten werden müsse (Einführung in das jur. Denken S. 156).

[55] *Heinrich Lange*, BGB Allg. Teil § 9 I 3.

[56] *Larenz*, Methodenlehre S. 291.

[57] *Peter Schneider* VVDStRL 20 (1961), 1 (6).

[58] *Peter Schneider* S. 6 f. Damit wurde das Problem der Methodenwahl angeschnitten: Die Schwäche der subjektiven Methode liegt darin, daß sie bei Veränderung der Lebensverhältnisse während der Geltungsdauer des Gesetzes keine befriedigende Grundlage bieten kann. Die Lösung wird gewonnen, indem dem Gesetzgeber unterstellt wird, er hätte so und so entschieden, wenn er die veränderten Umstände hätte voraussehen können.
Andererseits kommt die objektive Methode nicht daran vorbei, daß das Gesetz ein Werk des Gesetzgebers und als solches mit dessen Vorstellungen behaftet ist. Hinter diesen Vorstellungen stehen zwar objektive Zwecke des Rechts und schließlich die Rechtsidee selbst. Aber die Auswahl der zu

Wenn die juristische Hermeneutik in einer gesicherten, kontrollierbaren Weise vor sich gehen soll, bedarf es bestimmter Kriterien, nach denen sich der Interpret zu richten hat[59].

Wortlaut und Wortsinn werden die ersten Schritte jeder Sinnermittlung sein: Das ist die verbale oder grammatikalische Auslegung. Als nächstes ist der Norminhalt aus dem Bedeutungszusammenhang des Gesetzes zu gewinnen. Neben die grammatikalische tritt die systematische Interpretation, die der Deutung den Vorzug gibt, welche im Gesamtzusammenhang der betreffenden Regelung einen verständlichen Sinn ergibt. Die genetische Interpretation — Auslegung nach den Vorstellungen des historischen Gesetzgebers — hilft in den Fällen, wo Wortsinn und Bedeutungszusammenhang verschiedenen Deutungen Raum lassen. Besonderes Gewicht kommt dem nächsten Kriterium, dem Gesetzeszweck, zu: Eine Normsinnermittlung unter Außerachtlassung der vom Gesetz angestrebten Lösungen wäre wenig sinnvoll. Die teleologische Auslegung wird durch die objektiv-teleologische ergänzt und fortgeführt: Zu berücksichtigen sind die „Natur der Sache", die Grundgedanken und die Grundsätze der bestehenden Rechtsordnung sowie die ihnen zugrundeliegende universale Rechtsidee[60]. Schließlich kann der Rechtsanwender die Problemlösung einer vergleichbaren ausländischen Rechtsordnung betrachten und komparativ interpretieren.

b) Die Relativität der Auslegungskriterien

Die genannten Kriterien bilden bestimmte allgemeine Gesichtspunkte, die jede Rechtsanwendung erleichtern und objektivieren sollen. Etwaige Versuche, zwischen ihnen eine feste und generell gültige Rangordnung

---

realisierenden Zwecke steht dem Gesetzgeber zu: In dieser Hinsicht hat er gegenüber dem Richter den Vorrang (*Larenz*, Methodenlehre S. 298, der auf Art. 20 Abs. 3, 97 Abs. 1 GG und § 1 GVG hinweist).

Beide Bedenken versucht die Lehre im Sinne einer Synthese der Methoden auszuräumen, wobei teils der Wille des Gesetzgebers — progressive Auslegungsmethode —, teils der Wille des Gesetzes — objektiv-historische Methode — als Ausgangspunkte dienen. Vgl. dazu *Bernd Bender* JZ 1957, 593 (597) und *Larenz* S. 297 ff. (insbes. S. 299).

Daß die Methodenwahl kein bloß allgemeines geisteswissenschaftliches Problem darstellt, sondern spezifische rechtliche Aspekte aufweist, geht aus der Arbeit Eichenbergers, Die richterliche Unabhängigkeit als staatsrechtliches Problem, hervor: Ausgehend von der zutreffenden Erwägung, daß derjenige Richter sachlich unabhängig ist, der nur dem Gesetz Gehorsam schuldet (vgl. Art. 97 Abs. 1 GG), untersucht *Eichenberger* auf S. 204 ff. das Verhältnis der historischen (subjektiven) und zeitgemäßen (objektiven) Auslegung zur richterlichen Unabhängigkeit und weist nach, daß auch die richterliche Unabhängigkeit in den Streit zwischen Subjektivisten und Objektivisten gezogen werden kann (S. 208 ff.).

[59] *Larenz* S. 300.

[60] Vgl. dazu *Larenz* S. 301 ff., 305 ff., 308 ff., 311 ff. und 315 ff.

aufzustellen, haben sich als unfruchtbar erwiesen[61]. Der begrenzte Wert des einzelnen Interpretationsmittels erlaubt nicht, daß a priori festgelegt wird, welchem Erkenntnisbehelf *der* Vorrang gebührt. Die oft beklagte, aber nicht erreichte Hierarchie der Auslegungskriterien[62] ist gewissermaßen eine Frage des Einzelfalls, der einzelnen zu interpretierenden Norm: Im konkreten Fall wird eine Abwägung der verschiedenen methodischen Merkmale vorgenommen und einem der Vorrang zugesprochen[63]. In dieser Auswahl liegt auch die wahre Kunst der Gesetzesauslegung[64]. Daher ist ein System der Norminterpretation in dem Sinne wertvoll, daß Erkenntniskriterien erkannt und entwickelt werden, diese jedoch in keiner festen Rangordnung zueinander stehen.

c) Besonderheiten der verfassungskonformen Auslegung

Bevor auf die Frage eingegangen wird, ob und wie das Gebot verfassungskonformer Interpretation sich in das überkommene Auslegungsschema einordnen läßt, sollen zwei Besonderheiten des Gebots hervorgehoben werden. Die verfassungskonforme Auslegung soll ausschließlich Anwendung finden, wenn die Verfassungsmäßigkeit der einschlägigen Gesetzesnorm zweifelhaft ist[65]. Damit werden die Beziehung, aber auch die Beschränkung des Prinzips auf Rechtssatzkollisionen deutlich. Denn die Feststellung, die dem Grundgesetz entsprechende Deutungsmöglichkeit müsse als allein richtig der verfassungswidrigen vorgezogen werden, stellt einen Teil der Normgültigkeitsprüfung dar[66]: Sie enthält eine positive Aussage über die Verfassungsmäßigkeit und damit Gültigkeit der auch einer verfassungswidrigen Interpretation zugänglichen Bestimmung.

Das enge Verhältnis zwischen Normenkontrolle und verfassungskonformer Auslegung ist ferner die Ursache für die zweite Besonderheit des Gebots: Es geht über das eigentliche Ziel der Gesetzesinterpretation hinaus, indem es die Gültigkeit des mehrdeutigen Prüfungsgegenstands ausspricht. Die Feststellung, nur die dem Grundgesetz entsprechende Deutung sei geltendes Recht, fällt nicht mehr unter die Interpretationstätigkeit, wenn man sie als Sinnermittlung zwecks schlüssiger Anwen-

---

[61] *Ehmke* VVDStRL 20 (1961), 53 (59); *Larenz* S. 320; *Friedrich Müller,* Jur. Methodik S. 181 f.; *Pestalozza* Der Staat II (1963), 425 (433).

[62] *Esser,* Grundsatz und Norm in der richterlichen Fortbildung des Privatrechts S. 117; *Kriele,* Theorie der Rechtsgewinnung S. 25 f., 85 ff.; *Obermayer* NJW 1966, 1885 (1888).

[63] *Burmeister,* Die Verfassungsorientierung der Gesetzesauslegung S. 61 m. w. N.

[64] *Enneccerus-Nipperdey,* Allg. Teil § 56 IV.

[65] *Michel* JuS 1961, 274 (277).

[66] So treffend *Burmeister* S. 13.

dung auf den Streitfall definiert[67]. Ziel und Ergebnis hermeneutischer Tätigkeit ist nach traditionellem Verständnis die Ermittlung der richtigen und nicht der rechtmäßigen, der maßgeblichen und nicht der verbindlichen Gesetzesdeutung.

d) Einordnung des Prinzips in das herkömmliche Auslegungssystem

Die methodischen Besonderheiten des Gebots verfassungskonformer Auslegung lassen seine reibungslose Einordnung in das überkommene Interpretationssystem nicht zu. Zunächst ist denkbar, die verfassungskonforme Auslegung als eine neue hermeneutische Methode zu kennzeichnen[68]: Bei der Inhaltsbestimmung von Gesetzen müßten die ranghöheren Verfassungsnormen herangezogen werden. In diesem Sinne hat die Rechtsprechung erklärt, eine Vorschrift sei immer so auszulegen, daß sie inhaltlich der Verfassung entspreche[69]. Die Eigenart dabei wäre, daß diese Methode Allgemein- oder Alleingültigkeit beanspruchen würde: Gesetze wären danach primär verfassungskonform und sekundär objektiv oder subjektiv zu interpretieren. Den herkömmlichen Deutungsmethoden würde eine nur korrigierende Funktion gegen die Überforderung des Grundsatzes der Verfassungskonformität zustehen, was praktisch ihrer Abwertung gleichkäme[70].

Auf der anderen Seite kann man mit der verfassungskonformen Auslegung eine Hierarchie der bekannten Erkenntniskriterien statuieren: Das Gesetz wird nach den angegebenen Regeln interpretiert[71]; dann wird demjenigen Auslegungsbehelf der Vorzug gegeben, der die verfassungskonforme Deutung ermöglicht[72]. Hier hätte die verfassungskonforme Auslegung keinen selbständigen hermeneutischen Wert: Sie würde kein eigenes Auslegungskriterium darstellen, sondern auf eine Rechtmäßigkeitskontrolle der mit den überkommenen Mitteln erzielten Ergebnisse hinauslaufen. Der Vorrang eines Erkenntnisbehelfs würde sich nach der Verfassungsmäßigkeit der durch ihn gewonnenen Deutung richten.

Beiden Konstruktionen haften Mängel an: Der absolute Vorrang der verfassungskonformen Auslegung führt zu einer Einseitigkeit in der

---

[67] Vgl. oben unter 4. vor a.
[68] *Burmeister* S. 16.
[69] So z. B. BVerfGE 7, 120 (126); BVerwGE 5, 148 (152).
[70] *Burmeister* S. 16 f.
[71] Vgl. oben unter 4 a.
[72] In diesem Sinne *Michel* JuS 1961, 274 (277) und *Friedrich Müller*, Jur. Methodik S. 64 f., 182.

Methodenwahl, die heute als überholt gelten kann[73]. Die betonte und geforderte Methodenpluralität ist das Ergebnis einer langen rechtstheoretischen Diskussion: Die optimale Sinndeutung einer Norm erreicht der Interpret durch Anwendung und Verbindung möglichst vieler Methoden und Hilfsmittel[74]. Der Vorteil dieser durch die Berücksichtigung aller Interpretationsmethoden gekennzeichneten Rechtsfindung liegt in der größtmöglichen Gewähr, die *richtige* Gesetzesdeutung zu erkennen.

Wenn man andererseits mit Hilfe der verfassungskonformen Auslegung im Einzelfall stets zugunsten desjenigen Kriteriums entscheidet, das zur rechtmäßigen Gesetzesdeutung führt, nimmt man keine Rücksicht auf den unterschiedlichen Aussagewert des einzelnen Kriteriums im konkreten Fall, sondern beurteilt die Richtigkeit und Maßgeblichkeit der durch ein Auslegungsmittel gewonnenen Deutung nach einer interpretationsfremden Eigenschaft, nämlich nach ihrer Verfassungskonformität[75]. Die einzelnen Auslegungskriterien stehen zueinander im Verhältnis echter Konkurrenz. Es ist widerspruchsvoll und systemfremd, von dieser Vorstellung abzugehen und im Rahmen des Interpretationsverfahrens nicht mehr nach der richtigen, sondern nach der verfassungsmäßigen Deutung zu suchen. Das ist eben keine Interpretationsprüfung mehr, sondern Verfassungsprüfung des Interpretierten oder Interpretationsergebnisses.

III. Gleichsetzung von verfassungskonformer Auslegung und Teilnichtigkeit

Die Ausführungen zu II. zeigen, daß der Grundsatz verfassungskonformer Auslegung zu Unrecht als unproblematisch empfunden wird[76]. Er ist methodisch zumindest bedenklich und rechtlich nicht einwandfrei fundiert. So wird die Annahme bestätigt, daß ausschließlich praktische Gesichtspunkte maßgebend waren. Es ist kein Zufall, daß das Gebot eingeführt wurde, kurz nachdem sich die Nachteile repressiver Normenkontrolle herausgestellt hatten. Denn die Nichtigerklärung einer Vorschrift löst oft eine im Rechtsstaat unerwünschte Rechtsunsicherheit aus. Die Auswirkungen der negativen Normprüfungsentscheidung auf das Rechtsleben sind in vielen Fällen schwer abschätzbar. Bis zum Er-

---

[73] *Ehmke* VVDStRL 20 (1961), 53 (59).

[74] *Burmeister,* Die Verfassungsorientierung der Gesetzesauslegung S. 64. Eine Synthese der verschiedenen Methoden befürworten *Bernd Bender* JZ 1957, 593 (597); *Larenz,* Methodenlehre S. 298 ff.

[75] *Burmeister* S. 65.

[76] Es ist bedauerlich, daß die Warnung *Lerches* in DVBl 1961, 690 (698) das BVerfG nicht zu einer Überprüfung seiner Ansicht bewogen hat.

laß einer verfassungsmäßigen Neuregelung werden Judikative und Exekutive unter Umständen in ihrer Tätigkeit gehemmt. Aus diesen praktischen Erwägungen sah sich das BVerfG gezwungen, der Vernichtung einer mehrdeutigen Bestimmung durch die Möglichkeit einer verfassungskonformen Interpretation auszuweichen. Die diesbezügliche Rechtsprechung des Gerichts ist von der Tendenz getragen, Rechtsmängel zu heilen und für die einer rechtlichen Regelung bedürftigen Materien kein Vakuum durch die Nichtigkeitsfeststellung von Normen entstehen zu lassen[77].

1. Normerhaltung durch Teilnichtigkeit

Die praktischen Vorteile der verfassungskonformen Auslegung dürfen nicht unterschätzt werden. Deshalb kann man guten Gewissens dem BVerfG keinen Vorwurf daraus machen, daß es bemüht ist, mehrdeutige Gesetzesvorschriften aufrechtzuerhalten. Die Forderung, man möge dem Grundsatz verfassungskonformer Interpretation „das Lebenslicht ausblasen"[78], geht an den Realitäten vorbei, wenn sie sich gegen das Ergebnis des Prinzips, nämlich die *Normerhaltung*, richtet. Aber auch die Einwände, welche gegen einen Mißbrauch des Gebots geltend gemacht werden, treffen nicht die Normerhaltung, sondern warnen vor einer Überforderung des Grundsatzes verfassungskonformer Auslegung, die sicherlich in manchen Fällen stattgefunden hat[79]. Mit anderen Worten: Bedenklich ist nicht das *Ziel* der verfassungskonformen Interpretation, die Normerhaltung ist vielmehr wünschenswert. Bedenklich ist die Auffassung, daß man dieses Ziel nur mit dem fragwürdigen Gebot verfassungskonformer Auslegung erreichen kann. Die Einkleidung einer partiellen Normerhaltung in das Gewand verfassungskonformer Interpretation verschiebt das Gültigkeitsproblem auf das Gebiet der Auslegung[80]. Bedenklich ist ferner die Praxis des BVerfG, über die verfassungskonforme Interpretation einfache Gesetzesnormen verbindlich auszulegen: Es hat Fälle gegeben, wo sich das BVerfG über eine ganz oder nahezu einhellige Auslegung einer Norm durch Rechtsprechung und Lehre hinweggesetzt und den mit der Interpretation und Anwendung einfachen Rechts primär betrauten Fachgerichten eine von ihnen ausdrücklich oder konkludent abgelehnte Norm-

---

[77] *Herzog* BayVerwBl 1959, 276 (277); *Hans Heinrich Rupp* JuS 1963, 469 (473).

[78] So *Burmeister*, Die Verfassungsorientierung der Gesetzesauslegung S. 125.

[79] *Baring* JZ 1960, 171 f.; *Harald Bogs*, Die verfassungskonforme Auslegung von Gesetzen S. 62 ff.; *Eckardt*, Die verfassungskonforme Gesetzesauslegung S. 53 ff.; *Ehmke* VVDStRL 20 (1961), 53 (74 f.); *Menger* JZ 1960, 168 ff.; *Michel* JuS 1961, 274 (278); *Schack* JuS 1961, 269 (273 f.); *Spanner* AöR 91 (1966), 503 (513 ff.).

[80] So schon *Bachof* DVBl 1951, 13 (15).

deutung oktroyiert hat[81]. Das BVerfG brauchte nicht das methodisch und kompetenziell angreifbare Prinzip verfassungskonformer Auslegung zu erfinden: Seine Legitimation zur Aufrechterhaltung einer Norm, die neben einer verfassungswidrigen auch eine verfassungsmäßige Deutung zuläßt, ergibt sich aus seiner Befugnis, Rechtssätze insoweit für nichtig zu erklären, als sie gegen höherrangiges Recht verstoßen.

2. Verfassungskonforme Interpretation als qualitative Teilnichtigkeit

Läßt eine Norm mehrere Interpretationen zu und ist die eine verfassungsmäßig, die andere verfassungswidrig, so ist nur diese für nichtig zu erklären, womit die andere Deutung bestätigt ist. Aus der Befugnis zur partiellen Ungültigerklärung von Gesetzen kann auch die Zulässigkeit der Normerhaltung gewonnen werden, welche man bis jetzt nur über den Grundsatz verfassungskonformer Auslegung zu erreichen geglaubt hat. Die Parallelität zwischen Teilnichtigkeit und verfassungskonformer Interpretation erhellt[82], wenn man das Ergebnis herkömmlicher verfassungskonformer Auslegung nicht von seiner positiven, der normerhaltenden, sondern von seiner negativen, der normverwerfenden Seite her betrachtet: Die dem Grundgesetz widersprechende Interpretation des mehrdeutigen Gesetzes wird als solche erkannt und beseitigt, das Gesetz ist in dieser Auslegung nicht verbindlich und nicht anwendbar. Diese den Norminhalt reduzierende Seite des Gebots wird üblicherweise nicht beachtet. Der Glanz, der vom Positiven, von der Rettung der mehrdeutigen Bestimmung ausgeht, überstrahlt das Negative, die teilweise Eliminierung des Norminhalts. Denn es handelt sich um eine Inhaltsverkürzung, wenn die Norm — um ihre Geltung zu behalten — eine ihrer Deutungsmöglichkeiten und damit einen Teil ihres Anwendungsbereichs wegen Verfassungswidrigkeit verliert. Warum sollen diese Fälle eine andere Gruppe bilden als die oben

---

[81] Vgl. dazu *Ehmke* S. 75 und *Hesse*, Grundzüge § 2 IV 2 b.

[82] Die enge Beziehung wird auch durch zwei Vorschriften des BGB bestätigt: Nach dem in § 2084 BGB enthaltenen Grundsatz der benigna interpretatio ist bei Mehrdeutigkeit eines Testaments diejenige Auslegung vorzuziehen, bei der die Verfügung Erfolg haben kann. Daran anschließend bestimmt § 2085 BGB, daß die Ungültigkeit einer einzelnen Testamentsverfügung zur Unwirksamkeit der übrigen nur führt, „wenn anzunehmen ist, daß der Erblasser diese ohne die unwirksame Verfügung nicht getroffen haben würde". § 2085 BGB stellt eine sachgerechte Fortsetzung des in § 2084 BGB ausgesprochenen Gedankens dar: Obwohl die einzelnen Verfügungen des Erblassers ein einheitliches, zusammengehöriges Ganzes bilden, soll ein ungültiger Teil im Zweifel nicht das gesamte Testament unwirksam machen. Entsprechend dem Grundsatz wohlwollender Testamentsauslegung bleibt dem partiell ungültigen Testament in dubio der Erfolg erhalten, vgl. *Staudinger-Seybold*, BGB Rdnr. 1 zu § 2085. Über das Verhältnis von § 2085 zu § 139 BGB vgl. oben Erster Teil I 3 a.

erwähnten Beispiele qualitativer Teilnichtigkeit? Welcher Unterschied besteht zwischen dem Tenor einer Entscheidung, worin der Prüfungsgegenstand insoweit für nichtig erklärt wird, als er für eine bestimmte und abgrenzbare Gruppe von Fällen eine Regelung trifft, und der Formulierung, § 25 WehrpflichtG sei mit dem Grundgesetz vereinbar, „sofern er nicht dahin ausgelegt wird, daß nur die dogmatischen Pazifisten zur Verweigerung des Kriegsdienstes mit der Waffe berechtigt sind"[83]? Büßt nicht das Kontrollobjekt in beiden Fällen an *Inhalt* ein? Und ist nicht die Inhaltsreduzierung das typische Merkmal qualitativer Teilnichtigerklärung?

Eine vernünftige Unterscheidung und Abgrenzung zwischen grundgesetzkonformer Auslegung und Teilnichtigkeit ist nicht möglich[84]. Sie ist aber auch entbehrlich, weil die auf Grund verfassungskonformer Interpretation erzielten Ergebnisse ebenso gut über die partiell-qualitative Ungültigerklärung zu erreichen sind. Deshalb ist es konsequent, wenn die Gleichsetzung beider Institute gefordert wird[85]. Nur soll diese Gleichsetzung nicht zulasten der Teilnichtigkeit erfolgen: Ihr fällt vielmehr die rechtstheoretisch nicht begründete und kaum begründbare sowie methodisch ungereimte Maxime der verfassungskonformen Auslegung zum Opfer. Was bisher unter dem Namen „verfassungskonforme Interpretation eines Gesetzes" gelaufen ist, hätte bei richtiger Betrachtung als qualitative Teilnichtigerklärung des Gesetzes bezeichnet werden müssen, nämlich als Verwerfung einer bestimmten *Interpretation*[86]. Man könnte hier auch von *interpretativer Teilnichtigerklärung* sprechen.

3. Vorteile der Gleichsetzung

Der primäre Vorteil der Gleichsetzung liegt in der Möglichkeit, die Zulässigkeit der verfassungskonformen Interpretation im Normenkon-

---

[83] Diese Formulierung hätte das BVerfG nach der Ansicht von *Harald Bogs*, Die verfassungskonforme Auslegung von Gesetzen S. 106, für den Entscheidungstenor in E 12, 45 (46) wählen müssen.

[84] So zutreffend *Harald Bogs* S. 100 gegen *Eckardt*, Die verfassungskonforme Gesetzesauslegung S. 60.

[85] *Harald Bogs* S. 100 ff.; *Christian Böckenförde*, Die sog. Nichtigkeit verfassungswidriger Gesetze S. 148 f.; *Burmeister*, Die Verfassungsorientierung der Gesetzesauslegung S. 120 ff.; *Strickrodt* DB 1959, 103 (104). Auch der Vizepräsident des BVerfG *Seuffert* steht der Gleichsetzung nicht fern. In NJW 1969, 1369 (1372) führt er zur verfassungskonformen Auslegung aus: „Hier handelt es sich also um *authentische* Interpretation, die nach richtiger Ansicht einer *Gesetzesänderung* rechtlich gleichkommt" (Hervorhebung durch Verf.).

[86] Entgegen *Harald Bogs*, Die verfassungskonforme Auslegung von Gesetzen S. 100, ist die „Kassation einer Teilbedeutung des Gesetzes in einer negativen Normenkontrollentscheidung" kein Fall verfassungskonformer Auslegung, sondern umgekehrt ist die verfassungskonforme Interpretation ein Anwendungsfall partieller Ungültigerklärung.

trollverfahren aus der Befugnis der Normenkontrollorgane zur Teilnichtigerklärung von Gesetzen zu gewinnen. Während die Rechtfertigung des Gebots verfassungskonformer Auslegung bisher nicht zweifelsfrei geglückt ist, ergibt sich die Legitimation zur partiellen inhaltlichen Ungültigerklärung aus dem Recht zur Normenkontrolle und
Normverwerfung. Aber auch die Grenzen verfassungskonformer Interpretation lassen sich am besten in Analogie zum modifizierten § 139
BGB bestimmen: Ein mehrdeutiges Gesetz, das neben einer grundgesetzwidrigen auch eine grundgesetzmäßige Auslegung zuläßt, darf nur
dann aufrechterhalten werden und ist nur dann in der rechtmäßigen
Deutung verbindlich, wenn die Restgültigkeit dem wirklichen oder vermutlichen Willen seines Erklärungsurhebers entspricht. Bei Anwendung
dieser Formel läuft das Rechtssatzprüfungsorgan keine Gefahr, die ihm
durch die Gewaltenteilung gesetzten Schranken zu überschreiten, indem
es durch verfassungskonforme Interpretation den Prüfungsgegenstand
korrigiert und so legislative Funktionen wahrnimmt[87]. Die Berücksichtigung des gesetzgeberischen Willens bietet die Gewähr, daß die Normenkontrollorgane bei der Teilaufrechterhaltung von Legislativakten
das Institut der strikten richterlichen Rechtssatz*prüfung* nicht zur
Norm*setzung* mißbrauchen.

Die Auffasung der verfasungskonformen Auslegung als Problem
qualitativer Teilnichtigkeit bedeutet auf der anderen Seite, daß die als
verfassungswidrig erkannte Deutung des Prüfungsgegenstands im Normenkontrollverfahren aus der Rechtsordnung beseitigt wird. Der
Rechtsklarheit wird am besten entsprochen, wenn diese partiell-inhalt-
liche Rechtssatzverwerfung im Tenor der Normenkontrollentscheidung
zum Ausdruck kommt. Nach dem bewährten Muster qualitativer Teilnichtigkeit[88] ist die Ungültigerklärung mit einem „Soweit"-Zusatz zu
verbinden, der die vom BVerfG für verfassungswidrig gehaltene Interpretation des mehrdeutigen Gesetzes zu bezeichnen hat.

Wenn man dagegen den Zusammenhang zwischen der verfassungskonformen Auslegung und einer teilweise negativen Gültigkeitsent-
scheidung verschweigt, fällt es schwer, zu begründen, weshalb die als
grundgesetzwidrig bezeichnete Deutung über das die Verfassungsmäßigkeitsprüfung auslösende Normenkontroll- oder Verfassungsbeschwerdeverfahren hinaus nicht angewandt werden soll. Denn es entspricht der gängigen Praxis des BVerfG, daß bei Anwendung des Ge-

---

[87] Nach dem BVerfG bildet der Gewaltenteilungsgrundsatz die Grenze der
verfassungskonformen Auslegung: Vgl. E 8, 28 (34) und 71 (78 f.); 9, 83 (87)
und 109 (118); 16, 306 (329); 17, 306 (318 f.); 18, 97 (111); 19, 248 (253); 20, 150
(160 f.) sowie die Kontroverse zwischen Mehrheit und Minderheit des Ersten
Senats in NJW 1972, 1934 ff., 1939 ff.

[88] Vgl. oben I 2.

bots verfassungskonformer Interpretation im Entscheidungstenor nur die Vereinbarkeit des gerügten Rechtssatzes mit dem Grundgesetz bestätigt wird[89]. Das BVerfG pflegt nicht die Vereinbarkeitsaussage mit einem erklärenden Zusatz zu kombinieren: Daß der verfassungskonform gedeutete Prüfungsgegenstand nur in einer bestimmten Auslegung dem Grundgesetz genügt und in einer anderen Auslegung das Grundgesetz verletzt, findet man in aller Regel nur in den Entscheidungsgründen. Daher könnte der Fall eintreten, daß ein Richter nicht der vom BVerfG als verfassungsmäßig bezeichneten Deutung des verfassungskonform ausgelegten Gesetzes folgt, sondern die andere, die verfassungswidrige wählt.

Wer einem solchen richterlichen Vorgehen mit Hilfe des § 31 Abs. 1 BVerfGG[90] begegnen will, muß folgendes bedenken: Zweifelsfrei erlaubt § 31 Abs. 1 BVerfGG dem einfachen Richter nicht, die *Gültigkeit* der verfassungskonform ausgelegten Rechtsnorm zu bestreiten, nachdem das BVerfG ihre Vereinbarkeit mit höherrangigem Recht in der Entscheidungsformel festgestellt hat. Hindert aber § 31 Abs. 1 BVerfGG den Richter auch daran, die vom BVerfG als verfassungswidrig apostrophierte Interpretation des Gesetzes seinerseits für verfassungsmäßig zu halten und seiner Entscheidung zugrundezulegen? Um das bejahen zu können, wollen die Vertreter des Prinzips verfassungskonformer Auslegung die Allgemeinverbindlichkeit des § 31 Abs. 1 BVerfGG über die Vereinbarkeitsdeklaration hinaus auch auf die als verfassungsmäßig erkannte Deutung erstrecken. Die Erweiterung der Allgemeinverbindlichkeit erreichen sie mit Hilfe der breit diskutierten These über die Verbindlichkeit der tragenden Entscheidungsgründe von Verfassungsurteilen[91]. Doch ist die Zulässigkeit der Einbeziehung von tragenden Entscheidungsgründen in die Bindung nach § 31 Abs. 1 BVerfGG heftig umstritten[92]. Gegen eine solche Bindung spricht jedenfalls, daß im Fall ihrer Bejahung die gebundenen Stellen vor der äußerst schwierigen Frage stünden, „welches nun für den zur Beurteilung stehenden Einzelfall die *tragenden* Entscheidungsgründe sind"[93].

Gleich welche Stellung man zum Problem der Reichweite von § 31 Abs. 1 BVerfGG nimmt: Ungerechte Ergebnisse und eine Gefährdung der Rechtssicherheit werden vermieden, wenn man für die Gleichset-

---

[89] Nachweise bei *Harald Bogs* S. 104 ff.

[90] Vgl. BVerfGE 20, 230 (235) und *Hans G. Rupp* in Tübinger Festschrift für Eduard Kern S. 403 (408).

[91] Typisch für ein solches Vorgehen *Hans G. Rupp* S. 407 f.

[92] Vgl. die Entscheidung des Großen Senats für Zivilsachen in BGHZ 13, 265 (280 f.); ferner *Burmeister*, Die Verfassungsorientierung der Gesetzesauslegung S. 116 f.; *Goessl*, Organstreitigkeiten innerhalb des Bundes Fn. 300 auf S. 72.

[93] BGH S. 281.

zung von Teilnichtigkeit und verfassungskonformer Interpretation eintritt. Dann wird das Normenkontrollorgan im Tenor seiner Entscheidung die Nichtigerklärung des mehrdeutigen Gesetzes auf die verfassungswidrige Auslegung beschränken und damit einwandfrei die Erstreckung des § 31 Abs. 1 BVerfGG auf den verwerfenden Teil der Entscheidungsformel erreichen.

4. Folgen der Gleichsetzung

Die Einordnung der verfassungskonformen Auslegung in die Rubrik „Teilnichtigkeit" bedeutet, daß jede verfassungskonform interpretierte Rechtsnorm in Wahrheit partiell als ungültig deklariert, verworfen wird. Deshalb kann eine verfassungskonforme Interpretation gleich jeder Teil- oder Vollnichtigerklärung nur von Organen vorgenommen werden, welche rechtswidrige Gesetze verwerfen dürfen. Verfassungskonforme Auslegung im herkömmlichen Sinn setzt also die Kompetenz zur Rechtssatzverwerfung voraus. Die Normverwerfungsbefugnis hat, wie eingangs betont wurde[94], der Verfassungsgeber unterschiedlich verteilt: Sie steht nicht allen Gerichten zu. Zwar darf jeder Richter Gesetze auf ihre Übereinstimmung mit höherrangigem Recht überprüfen. Er ist aber nicht immer in der Lage, das entscheidungserhebliche und nach seiner Ansicht rechtswidrige Gesetz incident zu kassieren, indem er es bei seinem Urteil unberücksichtigt läßt. Nach Art. 100 Abs. 1 GG muß zwischen der Prüfungs- und der Verwerfungskompetenz differenziert werden: Während diese Verfassungsbestimmung das sog. richterliche Prüfungsrecht voraussetzt und damit anerkennt, konzentriert sie gleichzeitig die Verwerfung von Gesetzen wegen Grundgesetz- oder Bundesrechtswidrigkeit beim BVerfG. In zwei frühen Grundsatzentscheidungen hat das BVerfG die wortlautmäßig sämtliche entscheidungserheblichen Gesetze umfassende Vorlagepflicht nach Art. 100 Abs. 1 GG auf förmliche nachkonstitutionelle Rechtsnormen beschränkt[95] und mit einer ständigen Rechtsprechung diese Auffassung durchgesetzt[96]. Die Grundgesetzwidrigkeit parlamentarisch legitimierter und nach Inkrafttreten der Bundesverfassung ergangener Bundes- und Landesgesetze sowie die Bundesrechtswidrigkeit förmlicher und nachkonstitutioneller Landesgesetze darf nur das BVerfG aussprechen: Es hat insoweit das *Verwerfungsmonopol*.

Die unterschiedliche Verteilung der Verwerfungskompetenz gilt für jede Verwerfungsform: Sie umfaßt die Vollnichtigerklärung, aber auch

---

[94] Vgl. oben vor I.

[95] BVerfGE 1, 184 (195 ff.) und 2, 122 (128 ff.).

[96] Vgl. die Darstellung dieser Rechtsprechung bei *Leibholz-Rupprecht*, BVerfGG Rdnr. 6 f. zu § 80; ferner *Stern*, Bonner Kommentar Rdnr. 60 ff. zu Art. 100 GG.

jede teilweise Ungültigkeitsdeklaration. Wenn nun die verfassungskonforme Auslegung als interpretative Teilnichtigerklärung verstanden wird, darf sie die Kompetenzregelung von Art. 100 Abs. 1 GG nicht überspielen, indem sie unter dem falschen Namen „Interpretation" von jedem normanwendenden Organ vorgenommen wird. Daß alle Richter Gesetze auslegen dürfen, bedarf keiner Erörterung. Ebenso steht außer Frage, daß Art. 100 GG von jedem Gericht respektiert werden muß. Wenn bedacht wird, daß die verfassungskonforme Interpretation nicht mehr Sinnermittlung zwecks schlüssiger Anwendung auf den Streitfall, also keine Auslegung, sondern eine partiell-negative Entscheidung über die Gültigkeit einer Rechtsnorm ist, finden auf die Bestimmung der mit diesem Institut betrauten Organe keine Interpretationsregeln, sondern die Regeln der Normenkontrolle und mit ihnen Art. 100 Abs. 1 GG Anwendung. Daraus folgt, daß zur verfassungskonformen Interpretation im herkömmlichen Sinne nur derjenige Richter berufen ist, der das verfassungskonform gedeutete Gesetz auch kassieren kann[97]. Die grundgesetzkonforme Auslegung von formellen und nachkonstitutionellen Bundes- und Landesgesetzen sowie die bundesrechtskonforme Interpretation nachkonstitutioneller Parlamentsgesetze der Länder muß gemäß Art. 100 Abs. 1 GG dem BVerfG vorbehalten bleiben. Es stellt eine Verletzung des Art. 100 Abs. 1 GG und einen Übergriff in das Verwerfungsmonopol des BVerfG dar, wenn der einfache Richter die durch Art. 100 Abs. 1 GG betroffenen Rechtsnormen pro forma „auslegt", in Wahrheit aber eine ihrer Deutungsmöglichkeiten als verfassungs- oder bundesrechtswidrig erkennt und verwirft[98].

5. Bestätigung der Gleichsetzung durch das 4. ÄnderungsG zum BVerfGG

Der Gesetzgeber hat mit der Neufassung des § 79 Abs. 1 BVerfGG[99] den engen Zusammenhang zwischen verfassungskonformer Auslegung und Nichtigerklärung erkannt und für beide Institute gleiche Rechts-

---

[97] Eine gute Darstellung des Problems findet man bei *Menger* VerwArch 52 (1961), 305 (313 f.).

[98] Man wird sicherlich gegen die Gleichsetzung einwenden, daß sie zu einer weiteren Überlastung des BVerfG führt, da die einfachen Richter (Fallrichter) die von Art. 100 Abs. 1 GG umfaßten Gesetze nicht verfassungskonform interpretieren dürfen, sondern die Rechtmäßigkeitsfrage dem BVerfG vorlegen müssen. Diesem Einwand kann zwar eine gewisse Berechtigung nicht abgesprochen werden; doch ergibt sich aus dem Entscheidungsregister von *Harald Bogs*, Die verfassungskonforme Auslegung von Gesetzen S. 151—164, daß die Fälle verfassungskonformer Auslegung, in denen die einfachen Gerichte ihrer Vorlagepflicht nach Art. 100 Abs. 1 GG nicht genügt haben, gegenüber der Gesamtzahl der Entscheidungen, welche dem Grundsatz verfassungskonformer Interpretation zugerechnet werden, nicht ins Gewicht fallen: Das Verhältnis lautet 1:9. Vgl. auch die interessanten Ausführungen *Eilsbergers* in JuS 1970, 321 (325).

[99] Vom 21. Dezember 1970 (BGBl. I S. 1765).

folgen angeordnet: Die Wiederaufnahme des Strafverfahrens nach §§ 359 ff. StPO steht seit dem 22. Dezember 1970 sowohl demjenigen zu, der auf Grund einer vom BVerfG für nichtig erklärten Strafbestimmung verurteilt worden ist, als auch demjenigen, dessen Verurteilung auf einer Auslegung der Strafnorm beruht, welche das BVerfG für mit dem Grundgesetz unvereinbar bezeichnet hat. Zu dieser sachgerechten Ergänzung des § 79 Abs. 1 BVerfGG hat sich der Gesetzgeber nach Angriffen und Vorwürfen in der Literatur entschlossen[100]: Es sei durch nichts zu rechtfertigen und reine Willkür, wenn die Zulässigkeit der Wiederaufnahme an die formale Nichtigerklärung der Strafvorschrift anknüpfe, dagegen die Rehabilitierung ausgeschlossen sei, wenn der rechtskräftigen Verurteilung eine verfassungswidrige Deutung des Strafgesetzes zugrundeliege.

Die Neufassung des § 79 Abs. 1 BVerfGG hat den letzten wesentlichen Unterschied zwischen der verfassungskonformen Auslegung und der Teilnichtigkeit beseitigt[101]. Ferner weist § 79 Abs. 1 n. F. nach, daß es sich bei der verfassungskonformen Interpretation nicht um Sinnermittlung einer Norm handelt; denn die Wiederaufnahme des Verfahrens findet deshalb statt, weil die Verurteilung auf einer *verfassungswidrigen* Deutung beruht. § 79 Abs. 1 n. F. BVerfGG stellt nicht auf das Paar „richtige-unrichtige Auslegung" ab, sondern auf das Paar „grundgesetzmäßige-grundgesetzwidrige Auslegung". Nicht methodische Gesichtspunkte sind für die Anwendung der Bestimmung ausschlaggebend, sondern der Gesichtspunkt der Vereinbarkeit einer Deutungsmöglichkeit mit höherrangigem Recht. Die konkret gewählte Interpretation der Strafnorm führt nicht zur nochmaligen Überprüfung des rechtskräftigen Urteils, weil sie der ratio legis, dem Gesetzeswortlaut, dem Gesetzessystem oder den Vorstellungen des Gesetzgebers widerspricht, sondern weil sie die interpretationsfremde Eigenschaft der Unvereinbarkeit mit höherem Recht aufweist[102].

IV. Neues Verständnis der verfassungskonformen Auslegung

Zum Schluß soll auf eine neuerdings vertretene Ansicht hingewiesen werden, welche den Grundsatz verfassungskonformer Interpretation

---

[100] Zum Beispiel *Christoph Böckenförde* NJW 1970, 870; *Heinz Wagner* JuS 1970, 380 (382).

[101] *Harald Bogs* S. 103 hat vor der Neufassung des § 79 Abs. 1 BVerfGG seine Anwendung auf die Fälle verfassungskonformer Auslegung befürwortet.

[102] Bei konsequenter Durchführung der Gleichsetzung zwischen Teilnichtigerklärung und verfassungskonformer Interpretation stellt sich die Ergänzung von § 79 Abs. 1 BVerfGG als überflüssig dar. Die Erwähnung der verfassungskonformen Auslegung in § 79 Abs. 1 BVerfGG hätte dann nur klarstellende Funktion.

nicht als Gebot, sondern als methodische Regel behandeln will und deshalb die ausschließliche Beziehung auf Normkollisionsfälle leugnet[103]. Die verfassungskonforme Auslegung soll „nicht nur *atypisches, dem Normenkontrollverfahren zugeordnetes Sonderprinzip,* sondern allgemeines, gegenüber der Normenkontrolle verselbständigtes *Regelprinzip jeder Rechtsanwendung*" sein[104]. Ein Rechtssatz wird nicht nur grammatikalisch, systematisch, historisch oder teleologisch interpretiert, damit er im konkreten Streitfall angewandt wird, sondern darüber hinaus auch mit dem Blick auf die einschlägigen Grundgesetznormen[105]: Die Verfassung tritt als gleichberechtigtes hermeneutisches Mittel neben die herkömmlichen Erkenntniskriterien und erhebt nicht den Anspruch, zu der allein richtigen und maßgeblichen Gesetzesdeutung zu führen. Für die Sinnermittlung einer Norm erwägt das rechtsanwendende Organ nicht nur zwischen den klassischen vier Argumenten, sondern bezieht in seine Überlegungen auch das verfassungsrechtliche Argument, den Aussagewert des Grundgesetzes, ein.

1. Als Teil rechtssystematischer Interpretation

Diese nicht als Gebot verstandene verfassungskonforme Auslegung läßt sich aber auch in das herkömmliche Interpretationsschema als Teil systematischer Hermeneutik einordnen. Der Rechtsanwender gibt mit Hilfe der systematischen Auslegung derjenigen Normdeutung den Vorrang, welche im Gesamtzusammenhang des zugehörigen Normenkomplexes einen verständlichen Sinn ergibt. Hier spricht man von *gesetzessystematischer* Auslegung, deren Zweck es ist, eine einheitliche und widerspruchsfreie Anwendung der Vorschriften *eines Gesetzes* zu ermöglichen. Um systematische Interpretation handelt es sich aber auch, wenn der Richter über das konkrete Gesetzeswerk hinaus andere Normenkomplexe berücksichtigt und versucht, eine einheitliche und widerspruchsfreie Anwendung *des Rechts* zu gewährleisten. Hier spricht man von *rechtssystematischer* Auslegung, deren Begriffsmerkmale auch bei der verfassungskonformen Interpretation vorliegen: Ihre Ziele sind die Berücksichtigung und die Verwertung der ranghöchsten Rechtssätze, der Bestimmungen des Grundgesetzes[106].

Bei diesem Verständnis unterliegt die Maxime verfassungskonformer Interpretation keinen methodischen Bedenken. Sie hat ferner den nicht

---

[103] So *Göldner,* Verfassungsprinzip und Privatrechtsnorm S. 45 ff.; ähnlich *Burmeister,* Die Verfassungsorientierung der Gesetzesauslegung S. 26 ff.

[104] *Göldner* S. 46.

[105] *Burmeister* S. 37 f.

[106] Vgl. dazu *Harald Bogs,* Die verfassungskonforme Auslegung von Gesetzen S. 25 f.

zu unterschätzenden Vorteil, daß sie an Bewährtes anknüpfen kann: Es gibt nämlich ein Urteil des Reichsgerichts aus dem Jahr 1883 (!)[107], das bedauerlicherweise nicht im Zusammenhang mit der verfassungskonformen Auslegung erwähnt wird. Das RG hatte unter anderem auch über die Frage zu entscheiden, ob von zwei grundsätzlich möglichen Deutungen eines einfachen Gesetzes schlechthin diejenige ausgeschlossen sei, bei welcher das Gesetz gegen eine Verfassungsnorm verstoßen würde. Das Berufungsgericht hatte den Grundsatz aufgestellt, daß eine verfassungswidrige Auslegung schon wegen ihrer Unvereinbarkeit mit der Verfassung abzulehnen sei[108]. Das RG hat die Aufstellung dieses Grundsatzes durch das Berufungsgericht gerügt. Der Umstand, daß ein Gesetz bei einer bestimmten Interpretation der Verfassung widersprechen würde, könne nur als einer unter den verschiedenen Gesichtspunkten in Betracht kommen, welche bei der Gesetzesdeutung heranzuziehen seien. Weil das Berufungsgericht von der Rechtswidrigkeit einer Normauslegung auf ihre Unrichtigkeit geschlossen habe, habe es „dem von ihm als ausschlaggebend betrachteten Momente eine demselben nicht gebührende zu große Bedeutung beigelegt, indem es andere für die Erforschung des gesetzgeberischen Willens erhebliche Momente, insbesondere die Frage, welchen Zweck das Gesetz verfolge und welchen Wert danach die eine Auslegung der anderen gegenüber habe, sowie die Benutzung der sich in dieser Beziehung bietenden Hilfsmittel dabei außer acht gelassen hat"[109].

Das RG ist also zum Ergebnis gekommen, daß die verfassungswidrige Interpretation sehr wohl die richtige sein kann. Man muß nicht zwingend zugunsten der verfassungsmäßigen Auslegung entscheiden, sondern man darf es nur, wenn es methodisch vertretbar ist. Der Verfassung wird in hermeneutischer Hinsicht der gleiche Wert beigemessen wie den überkommenen Rechtsfindungskriterien. Neben Wortlaut, Entstehungsgeschichte, Bedeutungszusammenhang und Gesetzeszweck tritt die Verfassung als gleichberechtigtes Interpretationsmittel.

Nichts anderes meint das BVerfG, wenn es ausführt, das Grundgesetz bilde eine Wertordnung, die für alle Bereiche des Rechts gelten soll[110]. Und um nichts anderes als um verfassungskonforme Auslegung in diesem Sinne geht es, wenn die Generalklauseln des Zivil- und des Strafrechts im Lichte der Grundrechte interpretiert werden[111]. Die

---

[107] Urt. des I. Zivilsenats vom 17. Februar 1883 in RGZ 9, 232 ff.

[108] RG S. 235.

[109] RG S. 235.

[110] BVerfGE 7, 198 (205).

[111] Vgl. BVerfG S. 205 und E 25, 256 (263); *Baumann*, Einführung in die Rechtswissenschaft § 13 II 3 b; *Herzog* BayVerwBl 1959, 276 (277).

Lehre von der mittelbaren Drittwirkung der Grundrechte bietet den Nachweis für die Tauglichkeit der Verfassung als Auslegungshilfsmittel: Den Grundgesetznormen wird über ihre Kontrolleigenschaft hinaus auch Erschließungscharakter zugesprochen[112].

2. Verhältnis zur Teilnichtigkeit

Die so verstandene verfassungskonforme Interpretation hat ferner ein geklärtes Verhältnis zur Teilnichtigkeit: Sie führt nicht dazu, daß die mit ihrer Hilfe gewonnenen Auslegungsergebnisse in Wahrheit teilweise negative Normenkontrollerkenntnisse darstellen, und setzt deshalb nicht die Rechtssatzverwerfungsbefugnis voraus. Wenn man daran festhält und die Interpretation scharf von der Messung des Interpretationsergebnisses an höhenrangigem Recht unterscheidet, vermeidet man das Eingreifen von Regeln der Normenkontrolle und insbes. von Art. 100 Abs. 1 GG. Das erfordert aber, daß der Richter sich im Rahmen des reinen Auslegungsvorgangs von der Frage der Verfassungsmäßigkeit oder Verfassungswidrigkeit seiner Interpretationsergebnisse freihält. Soll er doch zunächst den Sinn der zu deutenden Bestimmung nach den herkömmlichen Erkenntniskriterien ermitteln, also nach der richtigen Deutung suchen, und die Rechtmäßigkeit seiner Auslegungsergebnisse außer Acht lassen. Die Verfassungsartikel werden über die systematische Interpretation Beachtung finden, ohne aber den Anspruch zu erheben, daß eine durch sie ermöglichte rechtssystematische Gesetzesdeutung allein wegen ihrer Grundgesetzkonformität geboten ist. Man kann zwar keine mathematische Formel aufstellen, wann bei verschiedenen Deutungsmöglichkeiten eines Gesetzes die verfassungskonforme zu wählen ist. Doch wird von folgender Regel auszugehen sein: Das verfassungssystematische Argument hat nicht mehr und nicht weniger Gewicht als das grammatikalische, das historische, das teleologische oder gar das gesetzessystematische.

Wenn sich der Richter nach Auswertung möglichst vieler Interpretationsmethoden und -hilfsmittel zugunsten einer bestimmten Gesetzesdeutung entscheidet, ist der Auslegungsvorgang „unwiderruflich" abgeschlossen: Jetzt erst ist Raum für die Frage der Rechtmäßigkeit dieser richtigen Norminterpretation; der Richter geht zur nächsten Stufe, zur Normenkontrolle über. Das Ergebnis der Verfassungsmäßigkeitsprüfung darf aber nicht das als richtig erkannte Auslegungsergebnis wieder in Frage stellen, wenn und weil dieses mit höherrangigem Recht nicht zu vereinbaren ist. Normauslegungs- und Normprüfungs-

---

[112] Das Begriffspaar Kontroll- und Erschließungsnorm verwendet *Mertens* in JuS 1962, 261 (263).

stadium müssen scharf auseinandergehalten werden. Es geht nicht an, daß das rechtsprechende Organ das Gesetz in einer bestimmten Deutung für richtig hält, diese Deutung aber verwirft und eine andere anwendet, weil die an sich richtige Interpretation verfassungswidrig ist. Wenn das Interpretationsstadium abgeschlossen ist, gibt es für den Richter kein Zurück mehr, der Rückweg in die erneute Interpretation ist ihm verschlossen. Sonst bedeutet die Verwerfung der zunächst als richtig erkannten Auslegung wegen ihrer Verfassungswidrigkeit und die Anwendung einer zunächst als unrichtig erkannten Auslegung wegen ihrer Verfassungsmäßigkeit eine verkappte teilweise Normungültigerklärung, die dem einfachen Richter nur in den Grenzen von Art. 100 Abs. 1 GG zusteht.

3. Zuständigkeit zur verfassungskonformen Auslegung

Die strenge Unterscheidung zwischen Norminterpretation und Messung des Interpretationsergebnisses an höherrangigem Recht beantwortet auch die Frage nach der Zuständigkeit zur verfassungskonformen Auslegung: Als Teil rechtssystematischer Hermeneutik muß die verfassungskonforme Interpretation wie jede Auslegung einfachen Rechts den Fachgerichten vorbehalten bleiben.

Das Problem stellt sich zunächst bei der Vielzahl von Rechtsnormen, die gemäß Art. 100 Abs. 1 GG nur vom BVerfG verworfen werden dürfen: Darf das BVerfG bei Mehrdeutigkeit des vorgelegten Gesetzes die vom Vorlagerichter für richtig erkannte Gesetzesinterpretation mißachten, weil diese gegen die Verfassung oder das Bundesrecht verstößt, und eine eigene Auslegung entwickeln, die den Vorteil der Rechtmäßigkeit aufweist? Die gleiche Frage wird aber auch bei Rechtsnormen akut, deren Verwerfung nicht ausschließlich dem BVerfG vorbehalten ist: Denn auch sie können dem BVerfG „vorgelegt" werden, wenn man vor allem an das Institut der mittelbaren Rechtssatzverfassungsbeschwerde denkt[113]. Darf hier das BVerfG von den in der Rechtsprechung der Fachgerichte herrschenden Auffassungen über die richtige Normauslegung abweichen, weil sie höherrangiges Recht verletzt?

Die Antwort ist aus der Funktion des BVerfG als reinen Rechtssatzprüfungsorgans zu gewinnen: Die Bestimmungen über die verschiede-

---

[113] Durch die Vorlagen nach Art. 100 Abs. 1 GG und die Rechtssatzverfassungsbeschwerden wird das BVerfG in die Lage versetzt, die Auslegung und die Anwendung einfachen Rechts durch die Fachgerichte unmittelbar auf ihre Rechtmäßigkeit zu überprüfen. Diese unmittelbare Kontrolle entfällt bei der abstrakten Normenkontrolle, der kein Prozeß vorausgeht. Aber auch hier muß das BVerfG die Interpretation der gerügten Rechtsnorm durch die Fachgerichte beachten.

nen Arten der Normenkontrolle ermächtigen das BVerfG nicht dazu, nach der *richtigen* Interpretation einfachen Rechts zu suchen. Von ihm wird nur die Entscheidung darüber erwartet, ob eine bestimmte Auslegung — genauer: ob ein in bestimmter Weise ausgelegtes Gesetz — mit ranghöherem Recht vereinbar ist oder nicht. Das BVerfG hat nicht das einfache Recht zu interpretieren, sondern das dem Vorlagebeschluß nach Art. 100 Abs. 1 GG oder dem angefochtenen Urteil im Verfahren der mittelbaren Rechtssatzverfassungsbeschwerde zugrundeliegende Interpretationsergebnis auf seine Vereinbarkeit mit höherrangigem Recht zu prüfen. Es hat keine Auslegungskompetenz, sondern nur eine Kompetenz zur Prüfung und Verwerfung des Ausgelegten oder Auslegungsergebnisses.

Daraus folgt, daß das BVerfG bei Mehrdeutigkeit eines Gesetzes diejenige Auslegung hinnehmen muß, die das Vorlagegericht oder das Gericht, dessen Urteil mit der Rechtssatzverfassungsbeschwerde angefochten wird[114], als richtig erkannt haben. Verstößt diese Interpretation gegen höherrangiges Recht, so muß das BVerfG die Gesetzesnorm im Entscheidungstenor *insoweit* für nichtig erklären. Damit steht fest, daß das Gesetz in der von den Fachgerichten gewählten Deutung nicht angewandt werden darf. Gleichzeitig bleibt aber offen, ob eine andere Auslegungsmöglichkeit rechtmäßig ist. Denn das BVerfG hat nicht die Norm im ganzen, sondern nur eine ihrer Deutungen und damit einen Teilinhalt verworfen (qualitative Teilnichtigerklärung).

Zwar wird dem BVerfG nicht verwehrt sein, gegebenenfalls in den Entscheidungsgründen die Fachgerichte auf die Möglichkeit einer anderen — diesmal rechtmäßigen — Gesetzesauslegung hinzuweisen. Doch muß dieser Hinweis für die Fachgerichte unverbindlich sein: Denn die Entscheidung darüber, ob die rechtmäßige Norminterpretation auch die richtige ist, trifft der Fachrichter, der auf Grund seiner größeren Erfahrung bei der Anwendung einfachen Rechts die bessere Übersicht und die besseren Beurteilungsmaßstäbe hat. Es gehört nicht zu den Aufgaben des BVerfG, im Rechtssatzprüfungsverfahren die Gesetzesauslegung der Fachgerichte wegen Unvereinbarkeit mit höherrangigem Recht zu verwerfen, das Gesetz aber gleichwohl zu retten, weil es eine andere, rechtmäßige Deutung zuläßt. Hier ist das BVerfG nicht befugt, die Auslegung der Fachgerichte zu korrigieren, sondern darauf beschränkt, zu kontrollieren, ob diese Auslegung gegen das Grundgesetz oder das Bundesrecht verstößt. Wenn das BVerfG diese durch seine

---

[114] Das Vorlagegericht nach Art. 100 Abs. 1 GG und das Gericht, dessen Entscheidung mit der Verfassungsbeschwerde gemäß Art. 93 Abs. 1 Nr. 4 a GG angefochten wird, werden im folgenden als *Fachgerichte* bezeichnet.

Funktion als Normenkontrollorgan gesetzten Grenzen beachtet und einhält, läuft es nicht Gefahr, zu einer „Superrevisionsinstanz" auszuarten[115].

---

[115] Leider sind in der verfassungsgerichtlichen Judikatur solche Tendenzen vorhanden: Das Gericht hat sich über einhellig oder überwiegend vertretene Normauslegungen wegen ihrer Verfassungswidrigkeit hinweggesetzt und eigene Interpretationsergebnisse herausgearbeitet, die den mit der Auslegung und Anwendung einfachen Rechts betrauten Fachgerichten zum Zweck einer falsch verstandenen Normerhaltung aufgezwungen worden sind. Zum Problem vgl. *Burmeister*, Die Verfassungsorientierung der Gesetzesauslegung S. 108 ff.; *Ehmke* VVDStRL 20 (1961), 53 (75); *Hesse*, Grundzüge § 2 IV 2 b.

Literaturverzeichnis

André, Fritz: Einfache, zusammengesetzte, verbundene Rechtsgeschäfte. Ein Beitrag zu § 139 des Bürgerlichen Gesetzbuchs, Marburg 1913.

Anschütz, Gerhard und Richard *Thoma* (Herausgeber): Handbuch des Deutschen Staatsrechts, Zweiter Band, Tübingen 1932.

Arndt, Adolf: Die Bindungswirkung des Grundgesetzes, BB 1960, 993.

— Staatshaftung für gesetzliches Unrecht? BB 1960, 1351.

Arndt, Claus: Sondervotum-Richterstatus-Nichtigkeitswirkung. Zum Inkrafttreten des vierten Gesetzes zur Änderung des Bundesverfassungsgerichtsgesetzes, DRiZ 1971, 37.

Assfalg, Dieter: Sind Auflagen und Bedingungen behördlicher Erlaubnisse selbständig anfechtbar? BB 1967, 190.

Bachof, Otto: Die verwaltungsgerichtliche Klage auf Vornahme einer Amtshandlung, 2. Aufl. Tübingen 1968.

— Anmerkung zu BVerwGE 22, 16 in JZ 1966, 140.

Badura, Peter: Der mitwirkungsbedürftige Verwaltungsakt mit belastender Auflage. Rezension zu BVerwGE 11, 18 in JuS 1964, 103.

Baring, Martin: Anmerkung zu BVerfGE 9, 194 in JZ 1960, 171.

Baumann, Jürgen: Einführung in die Rechtswissenschaft. Ein Studienbuch, 2. Aufl. München 1970.

Beitzke, Günther: Anmerkung zu BAG AP Nr. 4 zu Art. 3 GG (= BAGE 1, 258) ebd.

Bender, Bernd: Zur Methode der Rechtsfindung bei der Auslegung und Fortbildung gesetzten Rechts, JZ 1957, 593.

— Inhalt und Grenzen des Gebots der verfassungskonformen Gesetzesauslegung, MDR 1959, 441.

Bettermann, Karl August: Verwaltungsakt und Richterspruch in: Forschungen und Berichte aus dem öffentlichen Recht, Gedächtnisschrift für Walter Jellinek, München 1955, S. 361.

— Über richterliche Normenkontrolle, ZZP 72 (1959), 32.

— Zur Verfassungsbeschwerde gegen Gesetze und zum Rechtsschutz des Bürgers gegen Rechtssetzungsakte der öffentlichen Gewalt, AöR 86 (1961), 129.

— Umrisse eines Systems des Verwaltungsrechtsschutzes in: Festschrift für Elias G. Kyriacopoulos, Thessaloniki 1966, S. 785.

— Über Klage- und Urteilsarten in: Festschrift für Charalambos Fragistas, 2. Band, Thessaloniki 1967, S. 47.

— Legislative ohne Posttarifhoheit, Beiträge zum Rundfunkrecht Heft 10, Frankfurt a. M., Berlin 1967.

Bettermann, Karl August: Der gesetzliche Richter in der Rechtsprechung des Bundesverfassungsgerichts, AöR 94 (1969), 263.

Blomeyer, Arwed: Zivilprozeßrecht. Erkenntnisverfahren, Berlin-Göttingen-Heidelberg 1963.

Böckenförde, Christoph: Die sogenannte Nichtigkeit verfassungswidriger Gesetze, Schriften zum Öffentlichen Recht Band 33, Berlin 1966.

— Anmerkung zu LG Hannover NJW 1970, 288 in NJW 1970, 870.

Bogs, Harald: Die verfassungskonforme Auslegung von Gesetzen, res publica Band 15, Stuttgart-Berlin-Köln-Mainz 1966.

Brandis: Teilweise Nichtigkeit von Rechtsnormen DJZ 1931, Sp. 1542.

Buchner, Herbert: Gesellschaftsschuld und Gesellschafterschuld bei der OHG. Zum Urteil des BGH v. 20. 4. 1967 — II ZR 220/65 — in JZ 1968, 622.

Burmeister, Joachim: Die Verfassungsorientierung der Gesetzesauslegung. Verfassungskonforme Auslegung oder vertikale Normendurchdringung? Berlin und Frankfurt a. M. 1966.

Czermak, Fritz: Anmerkung zu BVerwGE 23, 175 in DVBl 1967, 417.

Dietlein, Max: Neuregelungen für die Verfassungsgerichtsbarkeit, DVBl 1971, 125.

Eckardt, Wolf-Dieter: Die verfassungskonforme Gesetzesauslegung, Schriften zum Öffentlichen Recht Band 14, Berlin 1964.

Ehmke, Horst: Prinzipien der Verfassungsinterpretation, VVDStRL 20 (1961), 53.

Eichenberger, Kurt: Die richterliche Unabhängigkeit als staatsrechtliches Problem, Abhandlungen zum Schweizerischen Recht Heft 341, Bern 1960.

Eilsberger, Rupert: Rechtstechnische Aspekte der verfassungskonformen Strafrechtsanwendung, JuS 1970, 321.

Engisch, Karl: Einführung in das juristische Denken, 4. Aufl. Stuttgart 1968.

Enneccerus, Ludwig und Hans Carl *Nipperdey:* Allgemeiner Teil des Bürgerlichen Rechts, Zweiter Halbband, 15. Aufl. Tübingen 1960.

Ermacora, Felix: Allgemeine Staatslehre, Zweiter Teilband, Berlin 1970.

Erman, Walter (Herausgeber): Handkommentar zum Bürgerlichen Gesetzbuch, 4. Aufl. Münster/Westf. 1967.

Esser, Josef: Grundsatz und Norm in der richterlichen Fortbildung des Privatrechts, Tübingen 1956.

— Realität und Ideologie der Rechtssicherheit in positiven Systemen in: Festschrift für Theodor Rittler zu seinem 80. Geburtstag, Aalen 1957, S. 13.

Eyermann, Erich und Ludwig *Fröhler:* Verwaltungsgerichtsordnung. Kommentar, 5. Aufl. München 1971.

Flume, Werner: Allgemeiner Teil des bürgerlichen Rechts, Zweiter Band: Das Rechtsgeschäft, Berlin—Heidelberg—New York 1965.
(zitiert: *Flume,* Das Rechtsgeschäft)

— Die Frage der Besteuerung des Veräußerungsgewinns beim Verkauf von Grund und Boden landwirtschaftlicher Betriebe, DB 1970, 1507.

Folz, Hans-Ernst: Werden die Wege verfassungskonformer Gesetzgebung zu beschwerlich? (Am Beispiel des Ingenieurgesetzes), NJW 1965, 1422.

Forsthoff, Ernst: Lehrbuch des Verwaltungsrechts, Erster Band: Allgemeiner Teil, 9. Aufl. München und Berlin 1966.
(zitiert: *Forsthoff*, Verwaltungsrecht)

Friesenhahn, Ernst: Die Verfassungsgerichtsbarkeit in der Bundesrepublik Deutschland, Köln—Berlin—Bonn—München 1963.

— Zum Inhalt und zur Wirkung der Entscheidungen des deutschen Bundesverfassungsgerichts in: Scritti in onore di Gaspare Ambrosini, Volume I 1970, S. 671.

Frowein, Jochen Abr.: Zur vorgeschlagenen Änderung von § 79 des Bundesverfassungsgerichtsgesetzes, DöV 1970, 591.

Geiger, Theodor: Vorstudien zu einer Soziologie des Rechts, Soziologische Texte Band 20, Neuwied und Berlin 1964.

Geiger, Willi: Gesetz über das Bundesverfassungsgericht vom 12. März 1951, Berlin und Frankfurt a. M. 1952.

Göldner, Detlef Christoph: Verfassungsprinzip und Privatrechtsnorm in der verfassungskonformen Auslegung und Rechtsfortbildung, Schriften zur Rechtstheorie Heft 18, Berlin 1969.

Goessl, Manfred: Organstreitigkeiten innerhalb des Bundes, Schriften zum Öffentlichen Recht Band 5, Berlin 1961.

Haak, Volker: Normenkontrolle und verfassungskonforme Gesetzesauslegung des Richters, Bonner rechtswissenschaftliche Abhandlungen Band 57, Bonn 1963.

Hamann jr., Andreas und Helmut *Lenz*: Das Grundgesetz für die Bundesrepublik Deutschland vom 23. Mai 1949, 3. Aufl. Neuwied und Berlin 1970.

Henke, Wilhelm: Verfassung, Gesetz und Richter (Das Normenkontrollverfahren), Der Staat III (1964), 433.

Henkel, Heinrich: Einführung in die Rechtsphilosophie. Grundlagen des Rechts, München und Berlin 1964.
(zitiert: *Henkel*, Rechtsphilosophie)

Herschel, Wilhelm: Teilnichtigkeit kollektiver Regelungen, BB 1965, 791.

— Rechtssicherheit und Rechtsklarheit, JZ 1967, 727.

Herzog, Roman: Neue Wege der Normenkontrolle? BayVerwBl 1959, 276.

Hesse, Konrad: Grundzüge des Verfassungsrechts der Bundesrepublik Deutschland, 5. Aufl. Karlsruhe 1972.
(zitiert: *Hesse*, Grundzüge)

— Der Rechtsstaat im Verfassungssystem des Grundgesetzes in: Rechtsstaatlichkeit und Sozialstaatlichkeit, Darmstadt 1968, S. 557.

Hoffmann-Riem, Wolfgang: Die Beseitigung verfassungswidriger Rechtslagen im Zweitaktverfahren, DVBl 1971, 842.

Huber, Ernst-Rudolf: Wirtschaftsverwaltungsrecht, Zweiter Band, 2. Aufl. Tübingen 1954.

Hueck, Alfred, Hans Carl *Nipperdey* und Eugen *Stahlhacke:* Tarifvertragsgesetz mit Durchführungs- und Nebenvorschriften. Kommentar, 4. Aufl. München und Berlin 1964.

Hueck, Alfred und Hans Carl *Nipperdey:* Lehrbuch des Arbeitsrechts, Zweiter Band Erster Halbband, 7. Aufl. Berlin und Frankfurt a. M. 1967.

Hueck, Götz: Anmerkung zu BAG AP Nr. 70 zu Art. 3 GG ebd.

Imboden, Max: Schweizerische Verwaltungsrechtsprechung, 2. Aufl. Basel und Stuttgart 1964.

— Normenkontrolle und Norminterpretation in: Verfassungsrecht und Verfassungswirklichkeit, Festschrift für Hans Huber zum 60. Geburtstag, Bern 1961, S. 133.

Ipsen, Hans Peter: Enteignung und Sozialisierung, VVDStRL 10 (1952), 74.

— Die Junctim-Klausel im völkerrechtlichen Vertrag erläutert an Art. 5 des VI. Teils des Überleitungsvertrages, NJW 1963, 1377.

Jellinek, Georg: Allgemeine Staatslehre, Unveränderter Nachdruck der 3. Aufl. 1928, Bad Homburg v. d. H.-Berlin-Zürich 1966.

Jellinek, Walter: Gesetz, Gesetzesanwendung und Zweckmäßigkeitserwägung. Zugleich ein System der Ungültigkeitsgründe von Polizeiverordnungen und -verfügungen, Tübingen 1913.

— Verwaltungsrecht, Unveränderter Nachdruck der 3. Aufl. 1931, Offenburg 1948.

Kelsen, Hans: Reine Rechtslehre, Unveränderter Nachdruck der 2. Aufl. 1960, Wien 1967.

— Allgemeine Staatslehre, Unveränderter Nachdruck der 1. Aufl. 1925, Bad Homburg v. d. H.-Berlin-Zürich 1966.

Kimminich, Otto: Zweitbearbeitung des Art. 14 im Kommentar zum Bonner Grundgesetz, 13. und 14. Lieferung, Hamburg Dez. 1964/Mai 1965.

Kipp, Theodor und Helmut *Coing:* Lehrbuch des bürgerlichen Rechts, Fünfter Band: Erbrecht, 12. Bearbeitung Tübingen 1965.

Klang, Heinrich und Franz *Gschnitzer:* Kommentar zum Allgemeinen Bürgerlichen Gesetzbuch, Vierter Band Erster Halbband, 2. Aufl. Wien 1968. (zitiert: *Klang-Gschnitzer*, ABGB)

Kleeberg, Rudolf: Zur Einkommensbesteuerung der Veräußerungsgewinne bei land- und forstwirtschaftlichen Betriebsgrundstücken, BB 1970, 964.

Klinger, Hans: Verwaltungsgerichtsordnung, 2. Aufl. Göttingen 1964.

Koehler, Alexander: Verwaltungsgerichtsordnung vom 21. Januar 1960, Berlin und Frankfurt a. M. 1960.

Kormann, Karl: System der rechtsgeschäftlichen Staatsakte. Verwaltungs- und prozeßrechtliche Untersuchungen zum allgemeinen Teil des öffentlichen Rechts, Berlin 1910.

Kriele, Martin: Theorie der Rechtsgewinnung, Schriften zum Öffentlichen Recht Band 41, Berlin 1967.

Krüger, Herbert: Die Auflage als Instrument der Wirtschaftsverwaltung, DVBl 1955, 450.

Lang, Eduard: Teilweise Nichtigkeit der Rechtsgeschäfte, § 139 BGB, Berlin 1926.

Lange, Heinrich: BGB Allgemeiner Teil. Ein Studienbuch, 13. Aufl. München 1970.

Larenz, Karl: Allgemeiner Teil des deutschen Bürgerlichen Rechts, München 1967.

— Methodenlehre der Rechtswissenschaft, 2. Aufl. Berlin-Heidelberg-New York 1969.
(zitiert: *Larenz*, Methodenlehre)

Lechner, Hans: Bundesverfassungsgerichtsgesetz, 2. Aufl. München 1967.

Leibholz, Gerhard und Reinhard *Rupprecht*: Bundesverfassungsgerichtsgesetz. Rechtsprechungskommentar, Köln-Marienburg 1968 mit Nachtrag 1971.

Lerche, Peter: Stil, Methode, Ansicht. Polemische Bemerkungen zum Methodenproblem, DVBl 1961, 690.

Lüke, Gerhard und Rolf *Zawar*: Die Fehlerhaftigkeit von Rechtsakten, JuS 1970, 205.

v. Mangoldt, Hermann und Friedrich *Klein*: Das Bonner Grundgesetz, 2. Aufl. Berlin und Frankfurt a. M. 1957.

Martens, Wolfgang: Fehlerhafte Nebenbestimmungen im Verwaltungsprozeß, DVBl 1965, 428.

Maunz, Theodor, Günter *Dürig* und Roman *Herzog*: Grundgesetz. Kommentar, Lieferungen 1—12, München 1971.

Maunz, Theodor, Heinrich *Sigloch*, Bruno *Schmidt-Bleibtreu* und Franz *Klein*: Bundesverfassungsgerichtsgesetz mit Nebengesetzen, München und Berlin 1967.

Maurer, Hartmut: Nochmals: Zur geplanten Neuregelung des § 79 BVerfGG, ZRP 1969, 100.

Mayer-Maly, Theo: Über die Teilnichtigkeit in: Gedenkschrift Franz Gschnitzer, Aalen 1969, S. 265.

— Die Wiederkehr von Rechtsfiguren, JZ 1971, 1.

Meder, Götz: Das Prinzip der Rechtmäßigkeitsvermutung, Schriften zur Rechtstheorie Heft 21, Berlin 1970.

Menger, Christian-Friedrich: System des verwaltungsgerichtlichen Rechtsschutzes. Eine verwaltungsrechtliche und prozeßvergleichende Studie, Tübingen 1954.

— Anmerkung zu BGHSt 13, 102 in JZ 1960, 168.

— Höchstrichterliche Rechtsprechung zum Verwaltungsrecht, VerwArch 52 (1961), 305.

Merk, Wilhelm: Deutsches Verwaltungsrecht, Erster Band, Berlin 1962.

Merkl, Adolf: Allgemeines Verwaltungsrecht, Unveränderter Nachdruck der Ausgabe 1927, Darmstadt 1968.

Mertens, Hans-Joachim: Persönlichkeitsrecht und Schadensersatz, JuS 1962, 261.

Michel, Helmut: Die verfassungskonforme Auslegung, JuS 1961, 274.

Müller, Friedrich: Juristische Methodik, Berlin 1971.

Müller, Hanswerner: Unter welchen Voraussetzungen macht Nichtigkeit eines Gesetzesteiles das ganze Gesetz nichtig? DVBl 1964, 104.

Naendrup, Peter-Hubert: Die Teilnichtigkeit im Recht der Allgemeinen Geschäftsbedingungen, Schriften zum deutschen und europäischen Zivil-, Handels- und Prozeßrecht Band 36, Bielefeld 1966.

Nikisch, Arthur: Arbeitsrecht, II. Band, 2. Aufl. Tübingen 1959.

Obermayer, Klaus: Gedanken zur Methode der Rechtserkenntnis, NJW 1966, 1885.

Oertmann, Paul: Bürgerliches Gesetzbuch, Allgemeiner Teil (Kommentar), 3. Aufl. Berlin 1927.

v. Oertzen, Hans-Joachim: Zur Zulässigkeit der Aufsichtsklage nach der Verwaltungsgerichtsordnung, DVBl 1961, 650.

Patzig, Werner: Probleme einer Neuordnung des Finanz- und Haushaltsrechts, VerwArch 58 (1967), 1.

Pawlowski, Hans-Martin: Rechtsgeschäftliche Folgen nichtiger Willenserklärungen (Amts- und Parteinichtigkeit von Rechtsgeschäften), Göttinger rechtswissenschaftliche Studien Band 57, Göttingen 1966.

Pestalozza, Christian: Kritische Bemerkungen zu Methoden und Prinzipien der Grundrechtsauslegung in der Bundesrepublik Deutschland, Der Staat II (1963), 425.

— Die Geltung verfassungswidriger Gesetze, AöR 96 (1971), 27.

Pierer von Esch, Heinrich: Teilnichtige Rechtsgeschäfte, Erlanger Juristische Abhandlungen Band 2, Köln-Berlin-Bonn-München 1968.

Radbruch, Gustav: Rechtsphilosophie, 6. Aufl. besorgt und eingeleitet von Erik *Wolf*, Stuttgart 1963.

Redeker, Konrad und Hans-Joachim *v. Oertzen:* Verwaltungsgerichtsordnung. Kommentar, 4. Aufl. Stuttgart 1971.

Ress, Georg: Die Entscheidungsbefugnis in der Verwaltungsgerichtsbarkeit, Forschungen aus Staat und Recht Band 4, Wien-New York 1968.

Rosenberg, Leo und Karl Heinz *Schwab*: Zivilprozeßrecht, 10. Aufl. München 1970.

Roser, Thomas: Sind Auflagen und Bedingungen behördlicher Erlaubnisse selbständig anfechtbar? BB 1967, 908.

Rümelin, Max: Die Rechtssicherheit. Rede gehalten bei der akademischen Preisverteilung am 6. November 1924, Tübingen 1924.

Runge, Berndt: Anmerkung zu BVerfGE 28, 227 in BB 1970, 957.

Rupp, Hans G.: Zur Bindungswirkung der Entscheidungen des Bundesverfassungsgerichts in: Tübinger Festschrift für Eduard Kern, Tübingen 1968, S. 403.

Rupp, Hans Heinrich: Die Nichtigkeit eines verfassungswidrigen Gesetzes und die Entscheidungsfunktion des Bundesverfassungsgerichts — BVerfG NJW 1963, 947, 1243, 1600 —, JuS 1963, 469.

Rupp-v. Brünneck, Wiltraut: Darf das Bundesverfassungsgericht an den Gesetzgeber appellieren? in: Festschrift für Gebhard Müller, Tübingen 1970, S. 355.

Rupprecht, Reinhard: Änderung des Bundesverfassungsgerichtsgesetzes, NJW 1971, 169.

Sandrock, Otto: Subjektive und objektive Gestaltungskräfte bei der Teil-nichtigkeit von Rechtsgeschäften, AcP 159 (1960/1961), 481.

Schack, Friedrich: Die verfassungskonforme Auslegung, JuS 1961, 269.

Schefold, Dian: Normenkontrolle und politisches Recht, JuS 1972, 1.

Scheuner, Ulrich: Die Einwirkung der verfassungsgerichtlichen Feststellung der Nichtigkeit von Rechtsnormen auf vorgängige Hoheitsakte. Zur Rück-wirkung und Vorwirkung der Nichtigerklärung von Rechtsnormen, BB 1960, 1253.

Schmidt-Bleibtreu, Bruno: Zur Einkommensbesteuerung der Veräußerungs-gewinne bei land- und forstwirtschaftlichen Betriebsgrundstücken, BB 1970, 1172.

Schmidt-Bleibtreu, Bruno und Franz *Klein*: Kommentar zum Grundgesetz für die Bundesrepublik Deutschland, 2. Aufl. Neuwied und Berlin 1970.

Schmidt-Salzer, Joachim, Vorkonstitutionelle Gesetze, verfassungskonforme Auslegung und ungeschriebene unbestimmte Rechtsbegriffe, DöV 1969, 97.

Schneider, Peter: Prinzipien der Verfassungsinterpretation, VVDStRL 20 (1961), 1.

Schneider, Rudolf: Rechtschutz gegen verfassungswidriges Unterlassen des Gesetzgebers, AöR 89 (1964), 24.

Schumann, Ekkehard: Die Problematik der Urteils-Verfassungsbeschwerde bei gesetzgeberischem Unterlassen, AöR 88 (1963), 331.

Schunck, Egon und Hans *De Clerck*: Verwaltungsgerichtsordnung mit ergän-zenden Bundesgesetzen und den Ausführungsgesetzen der Länder. Kom-mentar, 2. Aufl. Siegburg 1967.

Seuffert, Walter: Die Abgrenzung der Tätigkeit des Bundesverfassungsge-richts gegenüber der Gesetzgebung und der Rechtsprechung, NJW 1969, 1369.

Söhn, Hartmut: Teilbarkeit von Verwaltungsakten, die auf eine Geldleistung gerichtet sind (Teilanfechtung, Teilaufhebung, Teilunanfechtbarkeit), VerwArch 60 (1969), 64.

Soergel-Siebert: Bürgerliches Gesetzbuch mit Einführungsgesetz und Neben-gesetzen, Band 1, 10. Aufl. Stuttgart 1967.

Spanner, Hans: Die verfassungskonforme Auslegung in der Rechtssprechung des Bundesverfassungsgerichts, AöR 91 (1966), 503.

Staudinger: Kommentar zum Bürgerlichen Gesetzbuch mit Einführungsgesetz und Nebengesetzen, I. Band, 11. Aufl. Berlin 1957, und V. Band, 11. Aufl. Berlin 1954.

Stein, Ekkehart: Lehrbuch des Staatsrechts, 2. Aufl. Tübingen 1971.

Stein, Erwin: Die verfassungsrechtlichen Grenzen der Rechtsfortbildung durch die Rechtsprechung, NJW 1964, 1745.

Stein-Jonas: Kommentar zur Zivilprozeßordnung, Band I, 9. Lieferung der 19. Aufl. Tübingen 1969.

Stern, Klaus: Zweitbearbeitung des Art. 100 im Kommentar zum Bonner Grundgesetz, 18. und 20. Lieferung, Hamburg Juli 1967/Juni 1968.

Strickrodt, Georg: Verfassungskonforme Auslegung im Kartellrecht (Teil I), DB 1959, 103.

Ule, Carl Hermann: Verwaltungsgerichtsbarkeit, Zweiter Halbband des 1. Bandes der Verwaltungsgesetze des Bundes und der Länder, 2. Aufl. Köln-Berlin-Bonn-München 1962.

— Beamtenrecht, Erster Halbband des 10. Bandes der Verwaltungsgesetze des Bundes und der Länder, Köln-Berlin-Bonn-München 1970.

Wagner, Heinz: Wiederaufnahmeverfahren bei rechtskräftiger Zweitverurteilung von Ersatzdienstverweigerern? Rezension zu LG Hannover NJW 1970, 288 in JuS 1970, 380.

Weißauer, Walther und Dieter *Hesselberger:* Nichtigkeit oder Vernichtbarkeit verfassungswidriger Normen, DöV 1970, 325.

Weyreuther, Felix: Über „Baubedingungen", DVBl 1969, 232 und 295.

Wolff, Hans J.: Verwaltungsrecht I. Ein Studienbuch, 8. Aufl. München 1971.

Zeuner, Albrecht: Die objektiven Grenzen der Rechtskraft im Rahmen rechtlicher Sinnzusammenhänge, Tübingen 1959.

Zippelius, Reinhold: Das Wesen des Rechts. Eine Einführung in die Rechtsphilosophie, 2. Aufl. München 1969.

— Einführung in die juristische Methodenlehre, München 1971.

MIX
Papier aus verantwortungsvollen Quellen
Paper from responsible sources
FSC® C105338
FSC
www.fsc.org

Printed by Libri Plureos GmbH
in Hamburg, Germany